V.

MICHEL-ANGE.

PARIS. IMPRIMÉ PAR PLON FRÈRES,
RUE DE VAUGIRARD, 36.

MICHEL-ANGE

ET

RAPHAËL SANZIO.

Par Alex. DUMAS.

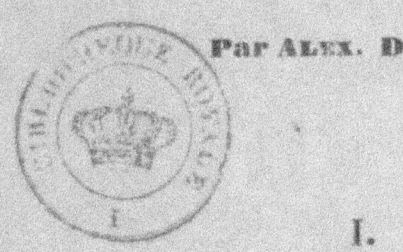

I.

PARIS.
RECOULES, ÉDITEUR,
RUE DES MATHURINS-SAINT-JACQUES, N. 24.
1845.

1846

MICHEL-ANGE BUONARROTI.

L'an 1474, le 6 mars, un lundi, quatre heures avant le jour, naquit au château de Caprèse, dans le territoire d'Arezzo, un enfant du sexe masculin qui reçut aux fonts baptismaux le nom de Michel-Ange.

Singulière prédestination, et qu'il est presque impossible d'attribuer au hasard, Sanzio! Buonarotti! les deux plus grands peintres de l'Italie et du monde, ont reçu tous les deux en naissant le nom d'un ange! et, rapprochement plus bizarre encore, Raphaël n'est-il pas l'ange de la tendresse, de la pitié et de l'amour? Michel n'est-il pas l'ange de la justice, de la force et de l'extermination?

Le père de cet enfant, qui venait de naître, était Ludovic de Léonard des Buonarroti, podestat de Chiusi et de Caprèse, dépendant des comtes de Canosa, une des plus anciennes familles de la Toscane.

J'en demande bien pardon aux savants biographes qui m'ont précédé, mais je me permettrai de rectifier tout d'abord une erreur qui n'a pas du reste une grande importance pour les faits qui vont suivre. Le père de Michel-Ange s'appelait Ludovic ou, si vous l'aimez mieux, Louis Buonarroti. C'était son grand-père qui s'appelait Léonard. Les Italiens du quinzième siècle, par un usage emprunté aux anciens, signaient à côté de leur nom celui de leur père, qui se trouvait ainsi précéder le nom de famille. Comme en général les historiens du grand artiste dont j'entreprends de raconter la vie à mon tour, ont fort mal traité le podestat de Caprèse, pour avoir contrarié la vocation de son fils, j'ai voulu réhabiliter le nom du pauvre Léonard, auquel il ne revient aucune part de blâme, attendu qu'il était mort depuis long-temps lorsque son petit-fils vint au monde. Ce n'est pas de la pédanterie que je fais, je vous prie de le croire, c'est tout simplement une bonne œuvre.

Messer Ludovic en était au dernier mois de sa charge lorsqu'il plut au ciel de lui envoyer cet enfant, qui devait lui donner tant de souci et tant de gloire. Il fit donc ses préparatifs de départ pour quitter le lieu de sa résidence, et retourner dans sa terre de Settignano, aussitôt après la cérémonie du baptême. Plus tard, il n'hésita pas de placer ses autres fils dans le commerce : profession que les Florentins regardaient comme une des plus nobles, et à laquelle ils durent en partie leur puissance.

Cependant le bon podestat rêvait pour son aîné un avenir plus brillant, une carrière plus ambitieuse, plus illustre : il le destinait à lui succéder dans les emplois civils. Un jour, son petit Michel-Ange deviendrait podestat, secrétaire, ambassadeur, gonfalonier peut-être, tant il était loin de penser qu'il venait de pousser dans sa famille un maçon !... comme il le disait depuis dans sa vaine colère.

Tout est providentiel dans la vie des grands hommes. Settignano est un pays de carrières, où l'on rencontre plus d'ouvriers que de savants : la seule nourrice qu'on pût donner au futur magistrat était la femme d'un tailleur de pierre. L'enfant, vigoureux et robuste, grandit au grand air et au soleil : il mania de ses petites mains, durcies de bonne heure, le ciseau et la pierre ; ses premiers cris furent dominés et couverts par le grincement de la scie et par le bruit du marteau.

Je vous laisse à penser quelle piteuse mine dut faire le pauvre enfant lorsqu'on lui mit un petit manteau sur l'épaule, une berrette au front, une grammaire sous le bras, et qu'on l'envoya décliner les noms et conjuguer les verbes chez messire François d'Urbano !

C'est un instinct chez les pères que cette rage de forcer leurs enfants à embrasser précisément la carrière pour laquelle ils ont le moins de goût et le moins de dispositions : soyez poète, comme Ovide ou Pétrarque, on vous farcira la tête de droit romain et de décrétales ; soyez artiste, comme Michel-Ange ou Cellini, on vous forcera à apprendre le grec ou à jouer de la flûte.

Dante s'est écrié dans un de ses accès de haute indignation :

> *Ma voi torcete alla religione*
> *Tal che fu nato a cingersi la spada,*
> *E fate re di tal ch'è da sermone ;*
> *Onde la traccia vostra è fuor di strada.*

La leçon n'a profité à personne, et tous les pères du monde se conduiront de la sorte jusqu'à la fin des siècles. Le père de Buonarroti, tout podestat qu'il était, ne fit pas une trop longue résistance : il est vrai qu'il avait affaire à plus entêté que lui ; mais, après tout, le pauvre homme ne manquait pas d'excuses. Tous les enfants commencent par dessiner des nez au charbon, et tous les enfants ne deviennent pas des Michel-Ange. Lorsqu'il vit que la fatalité s'en mêlait, et que son malheureux fils préférait décidément la brosse aux bouquins et la truelle à la plume, il se résigna, avec peine sans doute, avec humeur, avec emportement, mais enfin il se résigna.

La vérité est que messire Ludovic jouait de malheur : à l'école même où il avait placé son fils, il se trouvait un petit polisson nommé Granacci qui lui fournissait en secret des modèles à copier. C'était comme fait exprès. Un jour le drôle alla presque jusqu'à débaucher Michel-Ange, et l'entraîna avec lui à l'atelier, ou (comme on disait alors par un mot bien plus noble) à la boutique de son maître. Granacci présenta hardiment son jeune camarade à Ghirlandaio, qui lui fit un accueil des plus gracieux, et lui demanda s'il n'avait pas quelque essai à lui montrer. Le petit Michel-Ange, dont le caractère était naturellement timide et farouche, rougit légèrement, et baissa les yeux sans répondre; mais, apprivoisé par les encouragements du maître, il finit par tirer de sa poche une gravure qu'il avait coloriée avec un grand travail et une patience inouïe. C'était une estampe de Martin Schœn de Hollande, représentant la Tentation de saint Antoine. Le sujet ne pouvait manquer de séduire une imagination jeune et ardente. C'étaient des groupes de démons hideux ou grotesques excitant le saint ermite à grands coups de bâton. Non-seulement Michel-Ange donna une nouvelle vie à la gravure par le contraste des ombres et par l'éclat des couleurs, mais il en corrigea le dessin à sa manière ; tourna bizarrement quelques figures, équarrit les yeux, fendit les bouches, hérissa les crinières, fit grimacer les maudits dans les postures les plus étranges et les plus variées, et sut tirer d'un travail mécanique un tableau original et saisissant. Le maître étonné, et un peu jaloux de cette précocité de génie, contemplait l'ouvrage en silence, se demandant tout bas s'il ne devait pas étouffer par un froid mépris cette gloire naissante qui menaçait d'absorber bientôt sa propre gloire, et celle de bien d'autres ; mais, l'admiration l'emportant sur l'envie, il s'écria qu'il n'avait rien vu de plus beau, et, montrant du doigt le jeune homme, il ajouta en soupirant : C'est une étoile qui s'élève, mais qui éclipsera plus d'un astre qui maintenant brille au ciel couronné de lumière et entouré de satellites.'

Le lendemain, Dominique Ghirlandaio frappait à la porte de l'ex-podestat de Caprèse.

Messire Ludovic le reçut avec cette cordialité parfaite et cette bienveillance presque fraternelle qui régnaient alors entre tous les citoyens du même parti, et qui leur permettaient de s'appeler (quoique très-éloignés matériellement l'un de l'autre) du doux nom de voisins.

— Je viens vous demander une grâce, messire Buonarroti (dit le peintre après les premiers compliments), et j'espère que vous ne voudrez pas me la refuser.

— Parlez, maître Ghirlandaio, dit messire Ludovic avec un léger ton de suffisance que laissent toujours les charges de l'État, même chez les hommes les plus excellents et les plus affables; avez-vous besoin de conseils, disposez librement de mon expérience et de mes lumières; avez-vous besoin d'appui, ma famille et moi sommes à vos ordres; avez-vous besoin d'argent, ma bourse est à vous.

— Je vous rends mille grâces, messire; votre courtoisie m'est bien connue, et je ne manquerai pas d'avoir recours à vos bontés, si l'occasion s'en présente : mais je ne viens vous demander, pour le moment, ni conseils, ni argent, ni soutien.

— Et que venez-vous donc me demander, maître Ghirlandaio?

L'artiste hésita un instant avant d'entamer une négociation qui ne manquait pas que d'être un peu délicate, vu l'humeur assez difficile du vieux gentilhomme ; mais, déguisant bientôt ses inquiétudes sur l'air le plus naturel qu'il put prendre, il ajouta d'un ton passablement dégagé :

— Je viens vous demander votre fils pour en faire un artiste.

A une proposition aussi inattendue, le podestat bondit sur sa chaise, et fut pris d'une violente envie de jeter son cher voisin par la fenêtre. Mais, comprimant tout à coup sa colère par une de ces réactions subites parfaitement explicables chez le père de Michel-Ange, il fit appeler son fils, et lui lança un regard d'une expression indéfinissable ; et sans adresser un seul mot au peintre ébahi, qui ne comprenait rien à cette pantomime, et commençait vivement à désirer de se trouver ailleurs, il s'approcha de la table, trempa une plume dans l'encrier, et se mit à écrire sur un parchemin, répétant tout haut les paroles à mesure qu'il les traçait.

« L'an 1488, le premier jour d'avril, moi Ludovic, fils de Léonard Buonarroti, je place mon fils Michel-Ange chez Dominique et David Ghirlandaio, pour trois ans, à dater de ce jour, et aux conditions suivantes : le susdit Michel-Ange s'engage à rester chez ses maîtres pendant trois années en qualité d'apprenti, pour s'exercer dans la peinture, et faire en outre tout ce que ses maîtres lui ordonneront, et, pour prix de ses services, Dominique et David lui payeront la somme de vingt-quatre florins, six la première année, huit la seconde, et dix la dernière ; en tout quatre-vingt-seize livres. »

— Et maintenant, maître Ghirlandaio, ajouta le gentilhomme d'une voix qu'il essaya de rendre ferme, veuillez me payer douze livres, premier à-compte du salaire de mon fils : voici la quittance.

En prononçant ces mots, Buonarroti fut vraiment sublime de dignité, d'abnégation, de douleur : Brutus, en signant l'arrêt de mort de ses enfants, ne dut pas avoir une autre voix, un autre regard.

Ghirlandaio s'empressa de payer le prix convenu, ne se souciant pas d'irriter davantage par des paroles inutiles l'irascible aristocrate, et tout fut dit.

Le podestat se leva gravement, accompagna le visiteur jusqu'à la porte, et montrant son fils d'un geste digne et sévère :

— Vous pouvez emmener le garçon (dit-il) : faites-en ce qui bon vous semble, il vous appartient désormais.

Quant à Michel-Ange, il franchit d'un seul bond l'escalier paternel, et, arrivé dans la rue, jeta sa toque en l'air en signe de fête et de réjouissance.

Le vœu le plus ardent du jeune homme s'était donc réalisé tout à coup et comme par enchantement. Il avait brûlé sa grammaire! il ne verrait plus la figure bilieuse et contractée de François d'Urbino, l'impitoyable pédant qui avait torturé son enfance; il était apprenti, presque valet chez Ghirlandaio, mais il se sentait plus libre que l'air, plus heureux qu'un Médicis. Il pouvait barbouiller les murs à volonté, dessiner des cartons, broyer des couleurs ; si un peu de terre glaise lui tombait par hasard sous la main, il pouvait la modeler à sa fantaisie, sans craindre à chaque instant qu'on vînt le tirer par l'oreille ; et si un vieux couteau rouillé se trouvait sous ses pas, il pouvait s'en faire un ciseau. Il lui arrivait parfois de balayer l'atelier, c'est vrai ; mais, malgré tout ce qu'une pareille fonction pouvait avoir d'humiliant pour un descendant des Canosa, il ramassait tantôt une plume, tantôt un pinceau dont il faisait son profit. Un jour il trouva du marbre, et ce jour-là le jeune apprenti n'aurait pas échangé sa condition contre celle du gonfalonier de Florence.

Michel-Ange débuta dans la boutique de Ghirlandaio par un coup qui ne pouvait appartenir qu'à lui ; au lieu de se laisser corriger, comme la plupart des élèves, il corrigea les dessins de son maître. Sa copie valait toujours mieux que l'original. Ghirlandaio, en homme supérieur, au lieu de se fâcher d'une telle hardiesse, en sourit doucement, et encouragea son apprenti par de nobles louanges. Mais si le maître lui pardonna, ses apprentis lui gardèrent rancune, et il dut comprendre bientôt qu'on n'est pas impunément un grand artiste à treize ans!

Un compatriote, un élève, un ami, un des plus grands admirateurs du divin Buonarroti (c'est la seule épithète qu'il lui donne dans ses mémoires), Benvenuto Cellini, enfin, cet homme étrange et puissant, qui avait tant de rapports de génie et de caractère avec le grand Michel-Ange, nous initie aux mystères de cette haine aveugle et jalouse que lui avaient vouée en secret ses compagnons d'apprentissage.

Voici le récit textuel de l'orfévre florentin :

« Vers ce temps (c'était en 1518), trente ans après l'événement, Cellini n'en avait que dix-huit, et il ressentait avec toute la vivacité de la jeunesse l'outrage fait à Michel-Ange : vers ce temps-là, écrit Benvenuto Cellini, arriva à Florence un sculpteur nommé Pierre Torrigiani ; il venait d'Angleterre, où il avait passé plusieurs années. Cet homme, en voyant mes dessins et mes travaux, me dit : Je suis venu à Florence pour enlever le plus de jeunes gens que je puis ; je dois faire un grand ouvrage pour mon roi (le roi d'Angleterre), et je ne veux pour mes aides que mes compatriotes, et comme ta manière de travailler et de dessiner est plus celle d'un sculpteur que d'un orféyre, je t'emmène, et je te rendrai du même coup savant et riche.

» C'était un homme hardi et fier que Torrigiani, d'une grande beauté et d'une noble tournure : son air, ses gestes, sa voix sonore étaient plus d'un soldat que d'un artiste ; il avait un froncement de sourcils à effrayer les plus résolus, et tous les jours il venait me raconter quelques-uns de ses exploits avec ces bêtes d'Anglais (textuel!) : Un jour nous causions de Michel-Ange Buonarroti ; Torrigiani, en tenant à la main un dessin que je venais de copier d'après le grand artiste (*il divinissimo*), me dit ainsi :

» Le Buonarroti et moi nous allions travailler tout enfants à l'église du *Carmine*, dans la chapelle de Masaccio ; et comme il avait l'habitude de railler tous ceux qui dessinaient avec lui, un jour m'étant fâché plus que de coutume, je serrai la main et lui donnaï sur le visage un si violent coup de poing, que je sentis se briser sous mes doigts l'os et le cartilage du nez, si bien qu'il en portera la marque toute sa vie.

» Ces paroles (ajoute le jeune homme indigné) me révoltèrent tellement, moi qui avais constamment sous les yeux les œuvres du divin Michel-Ange, que j'en conçus pour Torrigiani une haine si implacable, que non-seulement l'envie me passa de le suivre en Angleterre, mais encore que je ne pouvais plus ni le voir ni le sentir. »

Noble et généreuse colère! digne à la fois de celui qui l'inspire et de celui qui la ressent! Il est vrai que Michel-Ange, à son insu peut-être, commettait tous les jours un nouveau crime qui devait attirer sur lui la vengeance de ses camarades, et la jalousie de ses maîtres : le malheureux enfant ne pouvait parvenir à se corriger de son génie!

Un jour, on lui donne un portrait à copier; la copie achevée, il la rend à celui qui lui avait prêté le portrait, au lieu de l'original. C'était, je crois, un peintre de ses amis: le brave homme, tout connaisseur qu'il était, ne s'aperçoit pas de la ruse. Jugez de sa confusion lorsque l'anecdote vint à s'ébruiter! Le maudit espiègle avait un peu enfumé sa peinture, afin de lui donner cet air antique qui ajoute tant de prix aux tableaux, pour ceux qui jugent un tableau d'après la date et non d'après le mérite.

Une autre fois, il s'en alla, bras dessus bras dessous, avec son camarade Granacci, dans les jardins de Saint-Marc, où l'on entassait à grands frais des fragments de statues et des débris de bas-reliefs, tout un musée d'antiquailles, comme les appelait plus tard Cellini. C'était une rage à cette époque de ressusciter l'antiquité, et de tuer à coup de grec et de latin la nationalité italienne, déjà près de s'éteindre. La villa de Careggi était transformé en académie. Ange Politien, Pic de La Mirandole, Marsilio Ficino, élégants esprits, charmants poètes, merveilleux polyglottes, entouraient le prince, et traitaient les affaires de l'État en stances parfumées et en petits vers anacréontiques dignes d'Horace et de Catulle. On faisait la cour aux femmes dans la langue de Platon; on discutait les dogmes d'après Aristote; on conspirait sur les plans de Salluste; on montait sur l'échafaud entre deux hémistiches. Laurent le Magnifique, adoré des artistes, exécré par les patriotes, endormait sa patrie aux accords de sa lyre, et, nouveau Néron, à la cruauté près, étouffait les derniers élans des cœurs généreux sous une pluie de fleurs. A la religion du Christ avait succédé le paganisme, et la liberté allait bientôt expirer sur le bûcher de Savonarole.

Dante et Michel-Ange sont les deux hommes qui ont résumé la nationalité italienne : l'un a chanté sur son berceau, l'autre a pleuré sur son agonie; mais ne devançons pas les événements, et tâchons de bien connaître l'enfant avant de juger l'homme.

Je disais donc que l'apprenti de Ghirlandaio entra dans les jardins des Médicis. Il y trouva quelques-uns de ses anciens amis les tailleurs de pierre qui l'avaient bercé à *Settignano*. On l'accueillit, on le fêta, comme bien vous pouvez croire : on lui montra les plus beaux trésors du musée improvisé. Michel-Ange contemplait avidement tous les chefs-d'œuvre mutilés par le temps, et remis sur l'autel par la vénération de ses contemporains. La beauté antique le frappait sans l'enivrer; à son admiration d'artiste se mêlait, malgré lui, une secrète amertume, une jalousie instinctive, un violent désir, non pas d'imiter, mais de dépasser les anciens. Du fond de son âme il sentait monter à sa tête des vapeurs d'un orgueil infini, un secret désespoir d'avoir été devancé par des hommes plus heureux, qui, pour être immortels, n'avaient eu qu'à copier la nature; tandis que lui, venu trop tard, comment s'y prendrait-il pour faire mieux! Ces pensées durent aigrir son caractère porté naturellement à la méditation et à l'isolement; à l'âge où les enfants s'épanouissent à la joie et au bonheur, il était déjà caustique et sauvage. Qu'aurait-il dit, grand Dieu, si au moment où il se promenait dans les jardins de Saint-Marc, il eût pu savoir que quatre ou cinq années auparavant, dans la petite ville d'Urbin, était né un artiste, l'incarnation la plus complète et la plus pure de ce beau idéal qu'il enviait chez les anciens, et que le monde adorerait cet artiste sous le nom de Raphaël!

Les ouvriers de Laurent le Magnifique ne pouvant deviner les idées qui se pressaient en foule dans l'esprit du jeune homme, et connaissant ses goûts pour les pierres, lui offrirent un morceau de marbre ; on le laissa maître d'en faire ce qu'il voudrait, et de revenir aux jardins autant de fois qu'il lui ferait plaisir. Michel-Ange, pour toute réponse, se saisit d'un ciseau, se débarrassa de sa veste, et se mit à ébaucher à grands coups de marteau une tête de faune. La boutique de Ghirlandaio fut désertée à son tour, comme l'avait été l'école de messer Francesco, et cela au grand déplaisir du maître, qui perdait dans son apprenti un puissant auxiliaire, et à la grande satisfaction des élèves, qui voyaient s'éloigner un rival détesté.

Un jour, comme il achevait la tête de son vieux faune, un homme d'une quarantaine d'années, d'une figure assez laide et d'une mise très-négligée, s'arrêta devant lui, et le regarda en silence : Michel-Ange travaillait avec ardeur sans prendre garde à l'inconnu, et se souciant aussi peu de lui que de la

2.

poussière du marbre qui tombait de son ciseau.

Quand il eut donné le dernier coup à son œuvre, l'enfant se recula un peu, comme font les artistes, pour mieux juger de l'effet de sa tête et en parut fort satisfait : c'est là probablement que l'attendait le témoin muet de cette scène. Il s'avança lentement, et posa la main sur l'épaule du jeune sculpteur.

— Mon ami (lui dit-il avec un léger sourire), si vous voulez bien le permettre, j'aurais une observation à vous faire.

Michel-Ange se tourna vivement vers lui avec cet air goguenard et insolent que prendrait un rapin de nos jours vis-à-vis d'un bourgeois.

— Une observation, vous !... Ces trois mots furent prononcés avec une grande lenteur.

— Une critique, si vous l'aimez mieux.

— Sur la tête de mon faune?

— Sur la tête de votre faune.

— Et qui êtes-vous, monsieur, pour vous croire le droit de critiquer mon travail?

— Peu vous importe qui je sois, pourvu que ma critique soit juste.

— Et qui décidera, monsieur, entre vous et moi, lequel de nous deux aura raison?

— Je vous en laisse juge vous-même.

— Voyons, monsieur! parlez (s'écria Michel-Ange en se croisant les bras d'un air de défi).

— N'avez-vous pas voulu faire un vieux faune qui rit aux éclats?

— Sans doute, c'est bien facile à comprendre.

— Eh bien (ajouta le critique en riant), où avez-vous vu des vieillards qui ont toutes les dents à leur bouche?

L'enfant rougit jusques au blanc des yeux, et se mordit la lèvre : la remarque était juste. Il attendit que le bourgeois eût tourné le dos, et d'un seul coup de ciseau il enleva deux dents à son faune. Pour rendre l'illusion plus complète, il songea même à creuser la gencive; mais, comme il n'avait pas d'instrument pour percer le marbre, il remit le reste de la besogne au lendemain.

Dès que le jardin fut ouvert, Michel-Ange

était à son poste; mais le faune avait disparu : à la place où il avait laissé son marbre, il trouva le bourgeois de la veille.

— Où est donc ma tête (demanda le jeune sculpteur d'un air courroucé)?

— On l'a enlevée par mes ordres (répondit l'inconnu avec son flegme ordinaire).

— Et qui êtes-vous, monsieur, pour donner des ordres dans les jardins de Laurent le Magnifique?

— Suivez-moi et vous le saurez.

— Je vous suivrai pour vous forcer à me rendre mon faune.

— Peut-être serez-vous content de le laisser où il est.

— Nous verrons.

L'inconnu prit le chemin du palais, toujours avec le même calme, et se disposait à franchir l'escalier lorsque l'enfant, l'arrêtant par le bras, dit d'un ton moitié timide, moitié colère :

— Où allez-vous donc, monsieur? Croyez-vous qu'on pénètre ainsi dans les appartements du prince? Dans ses jardins, passe encore, puisqu'il veut bien le permettre. Nous allons nous faire jeter à la porte.

L'inconnu traversa l'antichambre, les serviteurs se levèrent sur son passage, les gardes le saluèrent avec respect.

Michel-Ange le suivait, de plus en plus inquiet : « Serait-il un employé du palais (se dit-il tout troublé de son aventure)? en ce cas, j'ai eu tort de lui parler si durement. Bah! après tout mon faune m'appartient, et il devra bien me le rendre ; mon œuvre est à moi ; s'il y tient absolument, je lui payerai le marbre. »

L'inconnu traversa les galeries et les salons sans que personne songeât à lui défendre l'entrée.

— Diable (fit Michel-Ange)! serait-ce le secrétaire lui-même que j'ai traité de la sorte? Je viens de faire là une belle équipée!

L'inconnu, sans se détourner, poussa la porte d'un cabinet royalement meublé et enrichi d'objets d'art de la plus grande valeur.

L'enfant s'arrêta sur le seuil, interdit et tremblant ; son assurance venait de le quitter tout à coup ; il se crut sérieusement perdu ;

il venait d'offenser un personnage assez puissant pour entrer chez Laurent de Médicis sans se faire annoncer. Comme il essayait de balbutier une excuse, il leva les yeux et vit son vieux faune posé sur une riche console.

— Tu vois bien, mon ami (lui dit l'inconnu, toujours avec un ton de bonté et de douceur), que si j'ai fait enlever ton vieux faune du jardin, c'était pour le placer dans un endroit plus convenable.

— Mais, mon Dieu (s'écria le jeune artiste pris d'une nouvelle inquiétude), que dira le prince en voyant cette pauvre ébauche au milieu de tant d'ouvrages précieux ?

— Le prince te tend la main, mon ami; viens la serrer.

Tout autre serait tombé à genoux : Michel-Ange, ému jusqu'aux larmes, baissa la tête, et serra cordialement la main que Laurent le Magnifique venait de lui tendre.

— Désormais te voilà de la maison, mon ami : tu travailleras chez moi ; tu dîneras à ma table ; je ne ferai aucune différence entre toi et mes enfants. Va, passe dans ma garderobe et fais-toi donner un beau manteau violet tout à fait pareil à ceux que portent les jours de fête Pierre et Jean de Médicis.

— Monseigneur (répondit l'enfant attendri), avant de profiter de vos dons permettez-moi de courir chez mon père : je veux qu'il soit de moitié dans mon bonheur. Il m'a chassé de sa maison en enfant paresseux et indigne : je veux y retourner en homme obéissant et soumis. Je connais mon père : il est inflexible, mais juste, et il comprendra, d'après ce qui m'arrive, que loin de me repentir j'ai le droit de m'enorgueillir de ma faute. A dater de ce jour je puis me présenter, le front haut, partout, même chez moi ; car Laurent de Médicis, le premier homme de son siècle, m'a sacré artiste.

— C'est bien, mon enfant ; tu peux retourner chez ton père et lui annoncer que ma protection s'étendra également sur toute sa famille : dès aujourd'hui, je lui permets de se présenter au palais pour me demander l'emploi qui lui conviendra le mieux dans Florence.

Le vieux Buonarroti déjeunait tranquillement dans sa chambre, dont il n'avait pas voulu sortir après l'aventure de son fils, lorsqu'un violent coup, suivi d'une tempête de coups plus violents encore, vint ébranler sa porte : le podestat courut ouvrir lui-même et recula de trois pas à l'aspect de Michel-Ange, qu'il ne reconnut pas au premier abord. Pâle, haletant, la tête nue, les vêtements en désordre, couvert de poussière et de plâtre, l'enfant ne fit qu'un bond de la porte jusqu'à son père pour se jeter dans ses bras.

— Loin de moi, malheureux (s'écria le podestat, que tant d'audace rendait tremblant de colère)!

— Mon père, mon père, écoutez-moi, de grâce, avant de me chasser.

— N'approche pas, fils indigne et dégénéré! ne me souille pas de ta boue.

— Mais, au nom du ciel! écoutez-moi un seul instant.

— Tu veux donc me forcer à te maudire?

— Je viens du palais de Médicis.

— Je ne veux pas savoir d'où tu viens, ni

ce que tu fais : cela te regarde et non plus moi. J'avais un fils, autrefois, qui s'appelait Michel-Ange ; il devait être, au moins je l'espérais, la gloire, le soutien de ma famille, la joie, la consolation de mes vieux jours ; mais ce fils, ingrat et rebelle, je ne l'ai plus, Dieu merci, je l'ai vendu à maître Ghirlandaio pour dix-huit florins.

— Au nom de ma mère, écoutez-moi ; me voici à vos genoux.

— Retourne chez tes maçons : c'est là ta place.

— Ma place (dit Michel-Ange se relevant avec fierté), ma place est dans les appartements du prince, mon père ; ma place est parmi les premiers artistes de Florence, ma place est à la table de Laurent le Magnifique.

— Mon Dieu ! mon Dieu ! il devient fou, le malheureux (s'écria le pauvre père passant de la colère à l'effroi) !

— Mais suivez-moi, mon père (s'écria Michel-Ange de cette voix brève et forte qui ne permet plus le doute) : suivez-moi, vous verrez. Je vous dis que c'est Laurent lui-même qui m'a serré la main, qui m'a mené chez lui, qui vous attend, qui vous offre un emploi, celui que vous voudrez; par Dieu, est-ce qu'on marchande avec Michel-Ange?

Le vieux Buonarroti était renversé : il tenait sa tête à deux mains pour concentrer ses idées, et se demandait, dans une anxiété extrême, lequel des deux, de lui ou de son fils, avait perdu la raison.

Michel-Ange, sans lui laisser le temps de réfléchir, ou plutôt de s'égarer davantage, l'entraîna, moitié de gré, moitié de force, jusqu'au palais du Magnifique. Le podestat croyait rêver, les gardes ne croisaient pas les hallebardes pour leur barrer le passage, et les courtisans se rangeaient respectueusement à leur approche.

Arrivés au cabinet du prince, un page leva la portière, et le vieux Buonarroti suivi de son fils se trouva en présence de Laurent.

— Messire Buonarroti (lui dit le prince en venant courtoisement à sa rencontre), je vous ai fait déranger pour vous demander la permission de garder auprès de moi Michel-Ange, et pour vous féliciter d'avoir en lui un enfant qui sera le premier artiste de son siècle. Ma maison sera la sienne ; quant à son traitement, vous le fixerez vous-même. Je ne mets à tout cela qu'une condition, votre fils a dû vous le dire : c'est que vous me demanderez l'emploi qui conviendra le plus à vos goûts et à vos habitudes ; il vous est accordé d'avance.

Ludovic se recueillit un peu avant de répondre : un instant avait suffi à cette nature énergique et fière pour se remettre de son émotion et de sa surprise. Il se rappela que celui qui lui parlait était comme lui citoyen de Florence, et lui tendit la main sans roideur mais sans bassesse ; il lui parla comme un égal a droit de parler à un égal.

— Je vois que mon fils (dit-il d'une voix ferme) sera payé au delà de ce qu'il mérite, si on porte son traitement à cinq ducats par mois.

— Et pour vous, messire Buonarroti?

— Pour moi, Laurent !... Il y a un petit emploi à la douane qui ne peut être donné qu'à un citoyen ; cet emploi, je le demande parce que je suis sûr de le remplir avec honneur.

— Tu seras toujours pauvre et misérable, mon cher Ludovic ! répondit Laurent en riant, puisque, ayant le choix d'un emploi, tu bornes ton ambition à une petite place dans la douane.

— C'est bien assez pour le père d'un maçon, répondit Ludovic.

Mais le bonheur de Michel-Ange ne devait pas avoir une longue durée : à peine avait-il eu le temps de commencer quelques travaux de sculpture que l'on conserve encore aujourd'hui comme de précieuses reliques (un bas-relief représentant, à ce que prétend Vasari, le combat des Centaures ; une Vierge dans le style de Donatello ; une statue d'Hercule, suivant les uns en marbre, suivant les autres en bronze, que personne n'a vue, ses biographes exceptés), que tout à coup Laurent le Magnifique, frappé d'une maladie mystérieuse et incurable, alla s'éteindre à Careggi, au milieu de ses rhéteurs. Nous avons raconté sa mort ailleurs : il finit comme il avait vécu, plus en poète qu'en chrétien. Les arts, les lettres perdirent un Mécène ; Michel-Ange perdait en lui plus qu'un protecteur : il perdait un ami. Il rentra chez son père accablé d'un profond chagrin. A dix-huit ans il voyait déjà briser sa carrière, et tant de magnifiques espérances s'envolaient en un seul jour.

Pierre de Médicis, l'héritier, le successeur de Laurent, débuta par jeter dans un puits le médecin de son père. Cela promettait pour ceux qui resteraient au service du nouveau prince !

Cependant Michel-Ange fut appelé un matin à la cour : il neigeait fort ce jour-là, et le frère de Léon X s'était éveillé avec de grands projets. On n'est pas Médicis pour rien. — Maître (dit-il au jeune sculpteur), je veux que tu me fasses une figure colossale, un géant qui s'élève tout à coup, comme par enchantement, dans une cour et dépasse de toute la hauteur de la tête les créneaux de mon palais. Puisque mon père t'avait choisi pour son sculpteur ordinaire, ton génie ne doit pas être au-dessous de cette tâche; va et mets-toi au travail.

— Mais en quelle matière voulez-vous cette statue?

— La matière (répondit Pierre en riant)! tu en trouveras dans la cour tout ce que tu voudras; il doit y avoir au moins trois pieds de neige.

— C'est juste (dit Michel-Ange avec amertume), je suis à vos gages comme j'étais aux gages de votre père; seulement, lorsqu'il commandait des statues, il préférait le marbre à la neige. Chacun ses goûts, monseigneur!

Puis il ajouta tout bas en s'éloignant: — A tel prince, tel monument. Va, pauvre esprit, lâche cœur, ta grandeur ne durera guère plus que ta statue.

Il n'en remplit pas moins les ordres de Pierre avec une scrupuleuse exactitude, et dressa son colosse avant qu'un rayon du soleil ne vînt le fondre. Il se retira dans une cellule de *San Spirito*, où il passait les jours et les nuits, sombre, triste, isolé, pleurant son bienfaiteur, et méditant sur les destinées de sa pauvre patrie.

C'est dans cette retraite austère, entouré de cadavres provenant d'un hôpital attaché au couvent, à la lueur d'une lampe, que Michel-Ange se livra à cette longue et persévérante étude de l'anatomie qui devait être sa passion dominante.

Armé de son scalpel, il interrogeait les muscles, étudiait les fibres, mettait à nu la charpente du corps humain : le fruit de ses veilles fut un Crucifix en bois, un peu plus grand que nature, dont il fit don au prieur du monastère, qui lui avait ouvert un asile où il avait pu du moins travailler en paix et se dérober à la honte de ses tristes jours.

Florence enfin, poussée à bout, chassa Pierre de Médicis, comme on chasse un valet. Un pauvre ministre, nommé Cardière, dont l'emploi avait consisté à faire de la musique tous les soirs pour endormir Laurent le Magnifique, avait prédit à Pierre, peu de jours avant la catastrophe, ce qui devait lui arriver : son maître, disait-il, lui était apparu pâle, sanglant, les vêtements déchirés, et lui avait ordonné à plusieurs reprises d'annoncer à son fils le malheur qui le menaçait; mais Pierre, en esprit fort, s'était moqué du musicien et de son rêve. Quant au pauvre Cardière, il n'insista pas : il n'avait point oublié le puits de Careggi.

Ce fut à cette époque que commencèrent les pérégrinations de Michel-Ange de Venise à Bologne et de Bologne à Rome. A Venise, il se trouva bientôt sans argent et sans travail. A Bologne, il y avait une loi qui forçait les étrangers à porter sur l'ongle du pouce un cachet de cire-rouge; faute de ce singulier passe-port, Michel-Ange se fit arrêter, et fut condamné à une amende de cinquante livres. Mais Jean François Aldrovandi, gentilhomme d'esprit et de cœur, prenant sous sa protection le jeune étranger, fit casser le jugement, et l'accueillit chez lui par une noble et généreuse hospitalité. Là il passa les soirées à lire Dante et Pétrarque, et les jours à travailler à des ouvrages que la bienveillance de son hôte lui avait procurés.

C'est alors qu'il fit pour l'autel de Saint-

Dominique, dans l'église dédiée à ce saint, deux petites figures de deux à trois pieds, l'une représentant saint Pétrone, et l'autre un petit ange à genoux, d'une douceur et d'une grâce charmante : il paraît que ces deux statues, si menues qu'en fussent les proportions, eurent un tel succès, qu'un sculpteur de l'endroit menaça sérieusement Michel-Ange de l'assassiner. La haine des rivaux augmentait en raison des talents de l'artiste. Il y avait progrès, comme on voit : à Florence c'étaient des coups de poing, à Bologne c'étaient des coups de poignard.

Il se hâta de retourner dans sa patrie, qui respirait un peu après la tourmente. On fait remonter à cette époque l'exécution d'un petit Saint-Jean et celle d'un Amour endormi auquel son propriétaire cassa un bras, et qu'il fit passer ensuite pour antique. La plaisanterie réussit pour le statuaire, comme elle avait réussi pour la statue : et le mystifié, cette fois, fut un cardinal qui paya deux-cents ducats un morceau de sculpture dont il n'eût voulu pour rien s'il l'avait su moderne. Il est vrai que l'artiste ne toucha que trente écus sur cette somme; car il avait vendu l'Amour comme étant réellement de lui, sans compter que tout l'or du monde n'aurait pu décider Michel-Ange à mutiler si cruellement son œuvre : mais Son Éminence fut punie où elle péchait. Les connaisseurs de cette force sont la providence des brocanteurs.

Par un hasard des plus singuliers, Michel-Ange, tout en dessinant à la plume une main, qui est restée, racontait à un ami du cardinal qu'il était l'auteur de la petite statue que Son Éminence avait achetée de seconde main comme antique : émerveillé du talent de ce jeune homme, et frappé par une révélation si extraordinaire, l'ami du cardinal engagea Michel-Ange à le suivre à Rome, où il ne manquerait pas d'occasions de travailler et de se faire connaître. L'artiste accepta, et à peine eut-il fait son entrée dans la ville éternelle, que les commandes abondèrent de toutes parts, et que son nom cessa d'être obscur.

Le premier ouvrage qu'il fit, pour Jacques Galli, est le Bacchus de la Galerie de Florence : le dieu est couronné de pampres ; sa figure est souriante ; son regard, déjà voilé par l'ivresse, se porte avec amour sur une coupe qu'il porte de la main droite ; il semble déjà ne plus s'apercevoir de ce qui se passe autour de lui, car un charmant petit satyre, prodige de malice et d'espièglerie, mange impudemment des raisins qu'il vient de dérober au dieu des buveurs.

Au Bacchus succéda presque immédiatement le beau groupe *della Pietà*, exécuté par ordre du cardinal de Saint-Denis : c'est Marie qui soutient sur ses genoux le corps de son Fils, qu'on vient de détacher de la croix. Le succès qu'obtint ce groupe, lors de la première exposition, fut tel que Vasari ne trouve pas de mots assez hyperboliques pour en faire l'éloge : à en juger par l'avis des contemporains, jamais ni les anciens ni les modernes n'avaient atteint à une telle hauteur pour l'idéal de l'art ; jamais le marbre n'avait été travaillé avec un soin si exquis, avec une si désespérante facilité.

Cependant, au milieu de ce concert de louanges si justement méritées, la critique reprocha à l'artiste d'avoir fait la Mère presqu'aussi jeune que le Fils. La Mère du Christ était Vierge, répondit durement Michel-Ange, et la chasteté de l'âme conserve la fraîcheur des traits. Il est juste, il est permis de croire que Dieu, pour rendre témoignage de la pureté de Marie, a voulu lui laisser longtemps l'éclat de la jeunesse et la puissance de la beauté.

Malgré cette leçon, la critique ne s'avoua pas vaincue. Mais aussi, malgré la critique, et peut-être à cause d'elle, de nombreux admirateurs stationnaient devant le groupe *della Pietà*: un jour que Michel-Ange se trouvait mêlé à la foule, il entendit un étranger demander à son voisin :

— Savez-vous quel est l'auteur de ce groupe?

— Certainement, monsieur; l'auteur de ce groupe est Gobbo de Milan.

— C'est juste (dit tout bas Michel-Ange); je n'avais oublié qu'une chose, c'est d'y graver mon nom.

La *Pietà* était le second ouvrage du sculpteur de Florence; aussi la question de l'étranger n'était-elle pas sans excuse. Aujourd'hui il n'est pas un homme qui en voyant ce groupe, même sans prendre garde à la signature, même sans en avoir jamais entendu parler, ne s'écrie aussitôt : Michel-Ange !

Retourné à Florence pour affaires, il tira d'un énorme bloc de marbre, massacré par Simon de Fiésole, une statue colossale de David. Michel-Ange avait alors vingt-cinq ans, et déjà son caractère absolu et hautain ne pouvait supporter aucune observation : malheur à ceux qui se permettaient une remarque ! il les accablait de sa colère, ou les raillait impitoyablement.

Le trop célèbre Soderini, tout gonfalonier qu'il était, en fit à ses frais l'expérience : le brave homme, aussi habile connaisseur qu'il était bon politique, voulut dire son mot sur le David. Le nez lui semblait trop gros.

— Qu'à cela ne tienne, seigneur illustrissime (répond l'artiste de son air le plus hypocrite), et, ayant pris dans le creux de sa main un peu de poussière de marbre, il donné deux ou trois coups de marteau sans toucher la statue.

— À la bonne heure (s'écrie le gonfalonnier transporté), voilà un David ! vous lui avez donné la vie.

— C'est à vous qu'il la doit, monseigneur.

Après cela, étonnez-vous que Machiavel, en parlant du même Soderini, l'ait si bien traité dans ces quatre vers où il raconte que le bon gonfalonier s'étant présenté par mégarde au seuil des enfers, Pluton lui ferma la porte au nez, et lui dit : — Que viens-tu faire ici, ami stupide ? va-t'en aux limbes des enfants.

Cependant, si le pauvre gonfalonier était bête, comme cela paraît historiquement démontré, il n'était pas avare : il donna quatre cents écus de Florence à Michel-Ange, et le chargea de peindre à fresque une partie de la salle du Conseil. Léonard de Vinci était chargé de l'autre moitié.

Léonard avait choisi pour sujet de sa fresque la victoire remportée sur Piccinino, général du duc de Milan : on voyait au premier plan une mêlée de cavalerie et une prise d'étendards.

A Michel-Ange était échu un épisode de la guerre de Pise.

Ordinairement une bataille, surtout à une époque où les soldats sont bardés de fer, offre peu de ressource à un artiste qui excelle dans le nu. Le génie de Michel-Ange ne s'arrêta pas pour si peu. Un incident, qui pour tout autre peintre serait passé inaperçu, illumina soudainement les idées du grand artiste, et son carton fut composé.

Accablés par une chaleur étouffante, les soldats florentins se baignaient dans l'*Arno*, lorsque les Pisans font tout à coup une sortie. L'ennemi parait, on crie aux armes, on se presse en foule ; les uns à moitié nus sautent sur leur épée ; d'autres par des efforts inouïs s'empressent de faire glisser leurs vêtements sur leurs membres mouillés ; le tambour bat ; l'impatience et le désespoir se peignent sur les traits des malheureux fantassins qui ne peuvent rejoindre leur drapeau.

L'apparition de ce chef-d'œuvre jeta les premiers artistes de l'époque dans une stupéfaction profonde. De tous les points de l'Italie on vint l'admirer, le copier, l'étudier à l'envi. San Gallo, Ghirlandaio, Granacci, Andrea del Sarto, Sansovino, il Rosso, Perini del Vaga, tous tant qu'ils étaient alors, enfants ou vieillards, maîtres ou élèves, s'inclinèrent en silence devant l'artiste souverain qui d'un seul pas de géant franchissait la carrière et touchait aux dernières limites du sublime, au delà desquelles Dieu a dit à l'art : « Tu n'iras pas plus loin. »

Je laisse parler Benvenuto Cellini; car ce fut à l'occasion de ce même dessin copié par lui, comme par tous les autres, que le brutal Torrigiani jugeait à propos de se vanter de son affreuse anecdote.

« Tant que le carton resta debout (dit textuellement Cellini dans ses Mémoires), il fut l'école du monde : quoique le divin Michel-Ange ait fait depuis la grande chapelle du pape Jules, il n'atteignit jamais à la moitié du talent qu'il avait montré dans ce chef-d'œuvre. Il ne remonta jamais à l'éclat de cette première étude. »

C'était le moment, ou jamais, de poignarder Michel-Ange. Ce n'eût point été assez : la haine a des calculs atroces, et l'envie a ses inspirations diaboliques. On pardonna à l'artiste, mais l'œuvre paya pour lui : tôt ou tard on aurait raison de l'homme, tandis que l'œuvre était immortelle.

L'an 1512, au milieu de l'émeute, au moment où la république expirait, où les Médicis rentraient en vainqueurs, Baccio Bandinelli, de lâche et exécrable mémoire, se glissa à pas de loup, traîtreusement, un poignard à la main dans la salle où était exposé ce chef-d'œuvre, et, tandis qu'on s'égorgeait dans la rue, le misérable assassin à la fois et voleur enfonça plusieurs fois le couteau dans le carton, le mit en lambeaux, le foula aux pieds et en emporta les débris.

Pourquoi faut-il que la lâcheté de cet homme l'ait protégé contre les coups de Cellini ?

« J'étais bien décidé (raconte Benvenuto) de le jeter par terre et de le fouler aux pieds partout où je l'aurais rencontré. Arrivé à la place Saint-Dominique, j'aperçus Bandinelli, qui entrait dans la même place par le côté opposé ; rempli plus que jamais de mon sanglant projet, je me jetai à sa rencontre ; mais je n'eus pas plutôt levé les yeux sur le misérable, que je le vis sans armes, monté sur un méchant mulet, qui avait bien moins l'air de mulet que d'âne, et se traînant après un petit garçon d'une dizaine d'années. Bandinelli, en me voyant, pâlit comme un mort, et tremblait de la tête aux pieds ; je compris que ce serait trop de lâcheté que de tuer ce lâche, et je lui dis : N'aie pas peur, vil poltron, tu n'es pas digne de mes coups.

Alexandre VI, le terrible Roderigo Borgia, venait de mourir empoisonné par un flacon de son propre vin, qu'il avait préparé pour d'autres. Le siècle était vengé. Les orphelins des nombreuses victimes que cette famille incestueuse et meurtrière avait plongés dans le deuil, voyant porter sur les bras des valets le cadavre du pape enflé, noir, hideusement défiguré, s'écriaient en tremblant :

Laissez passer la justice de Dieu !

Jules II monta sur le trône de Saint-Pierre : c'était un homme d'une vaste ambition, d'un caractère de fer, hautain, inflexible, impérieux, avide de dominer, impétueux dans sa colère, emporté dans ses ordres, ne souffrant pas de réplique, et brisant sous ses pieds tout ce qui osait lui faire obstacle.

Un seul trait peindra l'homme. Lorsque le pape chargea Michel-Ange de faire son portrait, voici en quels termes il formula sa commande :

— Tu vas (dit-il à son sculpteur) me jeter en bronze une statue colossale que tu placeras sur le portail de Saint-Pétrone ; voici trois mille ducats à compte. Lorsque tu auras besoin d'argent adresse-toi directement à moi ; fais bien vite ton modèle, et tâche que cela soit digne à la fois de Jules II et de Michel-Ange.

— J'ai mon dessin tout prêt (répondit Michel-Ange) : Votre Sainteté de sa main droite donnera la bénédiction, comme de juste ; dans sa main gauche je placerai un livre.

— Un livre ! un livre (interrompit Jules II

avec fureur)! Une épée ! Par saint Paul, je n'entends rien, moi, à vos grimoires; tandis qu'à l'épée c'est autre chose, et j'y défie les plus habiles. »

Quelques jours après, étant venu à l'atelier de l'artiste pour voir si l'ouvrage avançait, il dit en souriant :

— Tout cela est fort bien; mais, dis-moi, la statue donne-t-elle la bénédiction ou la malédiction ?

— Elle menace le peuple, s'il n'est pas sage (répliqua Michel-Ange).

Le peuple ne fut pas sage, en effet, car en 1511 il brisa la statue du pape.

Mais revenons aux premiers jours du pontificat de Jules II. A peine fut-il sur le trône qu'il appela Michel-Ange : un tel artiste était digne de comprendre un tel pape.

Jules II réfléchit plusieurs mois sur l'ouvrage auquel il emploierait le plus grand sculpteur de son siècle. Nous l'avons dit, l'ambition du pape n'avait pas de bornes, sa soif de gloire et de grandeur était insatiable. Oubliant peut-être la parole de Dieu : *Regnum meum non est de hoc mundo*, il se prit à rêver l'immortalité sur la terre. Dès lors son choix ne fut plus douteux. Il fit venir l'artiste devant lui, et lui tint ce langage :

— Si tu étais chargé de faire un tombeau pour Jules II, quel serait ton dessin pour un tel monument?

— Je voudrais (répondit Michel-Ange après s'être recueilli un instant) que la grandeur du tombeau répondît à la grandeur du pontife qui l'ordonne. La forme générale du monument serait un parallélogramme de trente pieds de longueur sur quinze de large. Sa hauteur serait au moins de trente pieds. Quarante statues, sans compter les bas-reliefs, enrichiraient le mausolée couronné par un groupe de figures représentant l'apothéose de Votre Sainteté. Quatre victoires, deux sous la forme féminine, deux sous la forme virile, seraient aux deux côtés du monument, écrasant sous leurs pieds des esclaves ou des rebelles. Seize statues de sept à huit pieds représenteraient les provinces vaincues ou les vertus captives, rivées par leurs chaînes au tombeau de celui qui de son vivant a dompté l'orgueil des premières et a fait la gloire des secondes. Huit colosses de dix à douze pieds de haut orneraient la partie supérieure de l'attique. Enfin on entrerait dans l'intérieur du massif par les deux petits côtés, et on trouverait une rotonde au centre de laquelle serait placé le sarcophage.

Le pape écoutait en silence, et regardait fixement l'artiste, inspiré par la hauteur du sujet, et s'occupant avec le plus grand sang-froid des détails de ce palais mortuaire, sans se douter des pensées sombres et lugubres qu'il jetait au cœur du vieillard qui devait l'habiter.

Ceux qui connaissent le caractère italien, et l'aversion instinctive qu'on ressent dans ce pays pour la mort et pour les idées qui s'y rapportent, comprendront facilement ce qu'il y avait de majestueux et d'étrange dans l'entretien de ces deux hommes, dont l'un ordonne son tombeau, que l'autre lui explique avec le plus grand soin et dans ses plus grands détails.

Lorsque le sculpteur eut fini, Jules II ne fit qu'une seule objection.

— Où placerons-nous cet immense monument ?

— J'y ai pensé (répliqua Michel-Ange). Votre tombeau, tel que je le rêve, ne tiendrait pas dans le vieux Saint-Pierre ; mais nous avons la *Tribuna* dont Nicolas V a fait jeter les fondements : j'achèverai la nouvelle église sur les dessins de Rossellino, et la chapelle sera digne du tombeau.

— Et combien pourrait coûter cette nouvelle construction ?

— Cent mille écus, à peu près.

— Deux cent mille, s'il le faut (répondit le pape).

— Je puis donc partir pour Carrare ?

— A l'instant même, et n'oublie pas de t'adresser à moi, sans intermédiaire, toutes les fois que tu auras besoin de me parler : ou plutôt (ajouta le pape en se ravisant) je ferai jeter un pont de ma chambre à ton atelier, et j'irai te voir, moi, et te gronder lorsque l'ouvrage sera en retard. Adieu, Michel-Ange, tu m'as compris.

Je n'essaierai point de vous donner une idée du bonheur que dut éprouver Michel-

Ange en sortant du Vatican. Ceux qui ont le sentiment du beau, du sublime dans les arts; ceux qui ont gémi long-temps sous l'obsession d'une idée fixe implacable, dont la réalisation ne dépend pas de leur force; ceux qui ont conçu dans la fièvre de leur imagination, ou dans le délire du rêve, un projet immense, gigantesque, impossible, et qui voient tout à coup les obstacles s'aplanir, la pensée prendre un corps, l'impossible reculer ses limites, ceux-là seulement pourront comprendre ce qui dut se passer dans l'âme de l'artiste dans ce moment inespéré et suprême.

Tandis qu'un peuple d'ouvriers, placé sous ses ordres, vidait de leurs plus beaux marbres les entrailles de Carrare, lui, silencieux, pensif, assiégé de ses images gigantesques, s'arrêtait debout sur un grand rocher isolé qui surplombe la mer.

— Pourquoi ne creuserais-je pas ce roc (se disait-il dans les transports de son imagination brûlante), pourquoi n'enfoncerais-je pas mes ciseaux dans les flancs de la montagne! Sous ma main le rocher deviendrait un colosse qui épouvanterait au loin les naviga-

teurs : mon nom serait gravé sur le granit en
caractères ineffaçables ; mon œuvre à moi serait éternelle comme l'œuvre de Dieu. Mais
patience ! j'aurai bientôt aussi mes montagnes de marbre, et toute une création d'êtres
surnaturels et grandioses surgira sous ma
main puissante ; je n'aurai qu'à leur dire :
Vivez, et ils vivront !

Va, pauvre grand homme ! berce-toi de
ton rêve ! élève ta Babel aux nuages ; tandis
que dans ton orgueil insensé tu te crois
presque l'égal de Dieu, un reptile, un insecte, moins que cela, le dernier des courtisans a piqué ton œuvre au cœur, et tout s'est
évanoui en fumée.

Tu ne te connais pas en intrigues, mon
maître ; le génie est quelque chose, mais le
savoir-faire est tout dans ce monde. La fierté,
la droiture, l'honneur sont d'excellentes
qualités à coup sûr, mais elles réussissent médiocrement chez une certaine classe d'hommes : celui-là monte plus haut qui sait descendre plus bas, *qui se humiliat exaltabitur.*
As-tu déjà oublié le mot de l'Évangile !

Laisse donc là tes projets et tes folies, tes

montagnes sculptées et tes châteaux fantastiques. Tu as assez regardé le ciel et la mer.

Vite ! à l'atelier, mon maître ; on t'a perdu dans l'esprit du pape.

La place de Saint-Pierre était encombrée, presque couverte des énormes blocs de marbre transportés de Carrare. Un dernier débarquement avait eu lieu au quai du Tibre, et Michel-Ange, qui vivait par habitude dans l'isolement le plus complet, ignorant ce qui venait de se passer à la cour pendant son absence, monta au Vatican pour demander l'argent qui revenait aux matelots.

On lui répond que sa Sainteté n'est pas visible.

Quelques jours après il se rend de nouveau chez le pape. Comme il traversait l'antichambre, un valet lui barre le passage et lui dit sèchement qu'il ne peut pas entrer.

— Malheureux ! tu ne sais pas à qui tu parles? (s'écrie un prélat qui avait reconnu Michel-Ange).

— Je le sais fort bien (réplique impudemment le laquais), et je m'acquitte de mes ordres.

— C'est bien (répond alors l'artiste indigné) ; quand le pape m'enverra chercher, vous lui direz que moi non plus je n'y suis pas.

Une heure après il partait pour Florence !

Mais Jules II n'était pas homme à laisser échapper ainsi de ses mains un artiste qu'il considérait comme étant à ses gages. En apprenant la réponse et la fuite de Michel-Ange, la colère du pape éclata. Cinq courriers l'un sur l'autre partent au galop pour ramener le fugitif. Voyant que les prières ne servaient à rien, les messagers de Jules voulurent employer la force ; mais Michel-Ange saute sur ses armes, et leur crie d'une voix terrible : — Si vous avancez, je vous tue. — Les messagers, intimidés, laissèrent Michel-Ange continuer son chemin.

La fureur du pape ne connut plus de bornes : il menaça de mettre Florence à feu et à sang, si on ne lui rendait pas son sculpteur. Soderini reçut trois brefs en trois jours : le premier promettait à l'artiste amnistie et pardon ; le second déclarait la guerre à la république ; le troisième annonçait que, si Michel-Ange ne partait pas pour Rome dans vingt-quatre heures, tous les Florentins seraient excommuniés.

— Tu veux donc nous perdre tous (disait le pauvre gonfalonier tremblant de peur)?

— Ah, ah! répondait Michel-Ange, cela lui apprendra à me défendre sa porte !

— Mais je ne puis pas te garder ici, malheureux ?

— Eh bien ! je m'en irai chez le grand-Turc.

— Chez le grand-Turc ?

— Oui ; il me traitera mieux que le pape, j'en suis sûr. D'ailleurs il a l'intention de jeter un pont de Constantinople à Péra, et il m'a fait faire des propositions magnifiques.

— Va chez le diable, si tu veux, mais délivre-nous de la colère du pape.

Cependant Jules II, tenant sa parole, s'avançait à la tête d'une armée. Il avait pris Bologne, et montrait une grande joie de sa victoire. Michel-Ange, changeant tout à coup d'avis, entra dans la ville conquise, et se présenta au pape.

Jules II était à table au palais *des Seize*, où il logeait provisoirement, lorsqu'on lui annonça l'arrivée du sculpteur. Il fit signe qu'on l'introduisît, et, ne pouvant plus contenir sa colère à la vue du rebelle, il s'écria d'une voix altérée :

— Tu devais venir à nous, et tu as attendu au contraire que nous vinssions à toi !

Michel-Ange avait fléchi un genou ; mais, malgré cette attitude de soumission et de respect, on lisait sur ses traits plutôt l'orgueil que le repentir : sombre, muet, le sourcil froncé, il semblait dire au pape : *Non homini, sed Petro.*

Tous les témoins de cette scène tremblaient pour le pauvre sculpteur ; mais on connaissait l'impétuosité du pape, personne n'osa prendre la parole : le seul cardinal Soderini, digne frère du gonfalonier, voulant conjurer l'orage, commença à présenter les excuses de l'artiste.

— Saint-Père, pardonnez à cet homme ; car il ne savait pas ce qu'il faisait : les artistes, si vous les retirez de leur art, sont ainsi...; s'il a péché, c'est par erreur, par ignorance.

Jules II n'y tint plus, et, frappant d'un coup de canne le maladroit cardinal, s'écria d'une voix de tonnerre :

— Comment, malheureux ! tu oses dire des injures à mon sculpteur ! c'est toi qui es l'ignorant et le pécheur, ôte-toi de mes yeux !

Et comme le pauvre prélat tout troublé restait à sa place, immobile d'étonnement et de peur :

— Jetez-moi cet indiscret par la fenêtre (ajouta le pape exaspéré).

Les valets eurent beaucoup de peine pour mettre l'Eminence à la porte.

Comme on voit, les Soderini jouaient de malheur.

Le soir même Jules II et Michel-Ange étaient les meilleurs amis du monde ; les deux hommes s'entendaient à merveille, il fallait à un tel ouvrier un tel maître. Le pape posa pour son portrait, et partit pour Rome en priant le sculpteur de l'y rejoindre aussitôt sa statue finie.

— Songez, Michel-Ange, que mon tombeau vous attend, telles furent les dernières paroles de sa Sainteté.

Michel-Ange employa seize mois à cette statue colossale : c'étaient quinze mois de plus qu'il n'en fallait à ses ennemis pour renouer sourdement leur intrigue. Cette fois Bramante était à leur tête, et au nombre des rivaux qu'on opposait à Michel-Ange on comptait Raphaël.

Heureusement pour notre artiste, Jules II portait le même entêtement dans ses amitiés que dans ses antipathies. Plus on s'efforça de lui peindre Michel-Ange sous un fâcheux aspect, plus il s'obstina à le combler de sa faveur. La jalousie aveugle, la haine maladroite de ces hommes servit mille fois mieux Michel-Ange que n'eussent pu le faire l'amitié la plus franche et le plus généreux dévouement.

Les courtisans ne se tinrent pas pour battus, et, changeant tout à coup de tactique, au lieu de critiquer leur ennemi commun ils commencèrent à le louer outre mesure : seulement leurs éloges étaient plus perfides et plus venimeux que leurs calomnies. Michel-Ange était un grand sculpteur : on l'exalta comme peintre. Ce moyen, tout grossier qu'il est, a réussi de tout temps. Le coup porta comme d'habitude : Michel-Ange ne perdit pas la grâce du pape, mais le pape oublia son tombeau.

Il y a dans la vie de cet homme extraordinaire, que nous essayons de faire connaître à nos lecteurs, un moment solennel et terrible dont nul drame humain ne saurait présenter l'équivalent. C'était en 1508. Michel-Ange, arrivé de Bologne, descend au Vatican, encore tout essoufflé de sa course, poudreux, couvert de sueur : le pape le reçoit dans ses bras, l'accable de bontés et de caresses.

— Et ma statue?

— Terminée. Le bronze est très-bien venu, le portrait de Votre Sainteté, trois fois plus grand que nature, respire la majesté et la terreur. Une épée nue brille dans votre main gauche, comme vous l'avez désiré.

— Et maintenant causons de nos grands

projets : tout ton temps m'appartient, je l'espère.

— Je suis aux ordres de Votre Sainteté.

Nouveaux témoignages d'amitié et de bienveillance ! Le pape se lève aussitôt, et, s'appuyant sur le bras de son artiste favori, s'empresse de lui montrer tout ce qui s'est fait en son absence : les constructions de San Gallo, les travaux de Bramante, les fresques de Raphaël. Michel-Ange, toujours équitable, même envers ses ennemis, ne tarit pas en éloges. Ils traversent la place de Saint-Pierre. Les énormes blocs de Carrare sont encore là, attendant, sollicitant presque le ciseau du grand sculpteur.

Enfin, après avoir parcouru en tout sens l'église, les jardins, le palais, Jules II et Michel-Ange entrent dans la chapelle Sixtine : le jour commençait à baisser. Le pape s'arrêta au milieu de cette vaste chapelle, et, levant sa main vers la voûte, laissa tomber ce peu de paroles, comme une chose parfaitement naturelle : Depuis la mort de mon oncle, la décoration de ce beau monument est restée inachevée dans la plus grande partie. Je veux qu'on dise : Jules II a terminé ce que Sixte IV avait commencé. — Voilà l'ouvrage que je te destine. Tu seras à la fois l'architecte, le peintre et le décorateur. A toi cette voûte immense ! remplis-la de fresques et d'ornements ; peuple-la d'innombrables figures. On n'a connu jusqu'ici qu'un seul côté de ton génie ; je veux que le monde apprenne, en admirant le plafond de la Sixtine, que Michel-Ange est aussi grand peintre qu'il est inimitable sculpteur.

Michel-Ange regarda le pape dans les yeux pour voir s'il parlait sérieusement.

— Eh bien ! tu ne me réponds pas (reprit le pape) ?

— Je crois n'avoir pas bien entendu (répliqua l'artiste étonné).

— Je t'ai choisi pour peindre à fresque le plafond de la chapelle Sixtine : as-tu compris cette fois ?

Votre Sainteté se rit de son pauvre serviteur.

— Comment cela, maître Buonarroti ?

— Mon métier est de manier le ciseau et le

maillet : je n'ai jamais peint de ma vie ; j'ignore jusqu'aux procédés mécaniques de la fresque. Il est vrai que j'ai dessiné un carton pour la salle du Conseil à Florence ; mais c'était un dessin : voilà tout. Comment voulez-vous qu'à mon âge je change tout à coup de carrière. Encore une fois cela ne saurait être sérieux, et Votre Sainteté veut sans doute m'éprouver ?

— J'ai dit, je le veux : c'est à toi d'obéir.

— Et moi je vous dis, Saint-Père, que cette idée n'est pas venue, qu'elle ne pouvait venir à Votre Sainteté. C'est un piége infâme que me tendent mes ennemis Si je refuse, je reste là dans un coin sans ouvrage et j'encours votre disgrâce. Si j'accepte, j'échouerai infailliblement et j'y perdrai le peu de réputation que j'ai acquise dans mon art. Eh bien ! non ; j'aime encore mieux endurer la colère de Votre Sainteté, que de m'exposer à une honte certaine : mon parti est pris, je pars à l'instant pour Florence.

— Cette fois nous y mettrons bon ordre (s'écria Jules, et il se retira brusquement, laissant l'artiste à son muet désespoir).

Ce qui se passa alors dans l'âme de Michel-Ange, il n'y a que Dieu et lui qui l'aient su ; l'histoire n'a pas d'exemple de pareilles tortures : s'il ne succomba pas à ce coup, c'est qu'il était doué d'une force surhumaine.

Figurez-vous un homme qui a déjà quarante statues dans la tête, qui n'a plus qu'à frapper sur le marbre pour voir jaillir et s'animer ses créations gigantesques, qui arrive heureux et confiant pour se mettre à l'œuvre ! Figurez-vous le même homme, par un effort sublime, inouï, désespéré, changeant tout à coup de place, de but, de moyens, oubliant son peuple de pierres, et invoquant tout un royaume nouveau d'ombres et de couleurs ; passant d'un art à l'autre dans l'intervalle d'une seule nuit ! Quelle lutte immense, quel magnifique spectacle ! C'est là le plus éclatant triomphe de la volonté humaine.

Le lendemain Jules II trouva l'artiste à la même place où il l'avait laissé la veille : il avait la tête baissée vers la terre, le regard fixe, les bras croisés sur la poitrine, et paraissait absorbé par une méditation profonde. Les souffrances de cette longue nuit avaient bien laissé quelques traces sur ses joues flétries, sur ses yeux rouges et secs ; mais le feu du génie rayonnait sur son front.

— Eh bien (dit le pape) ?

— J'accepte (répondit Michel-Ange).

— J'en étais sûr. Crois-moi, Michel-Ange, tes ennemis, en croyant te nuire, t'ont ménagé un nouveau triomphe !

— Qu'on fasse venir Bramante pour construire les échafauds !

Pris dans ses propres filets, l'envieux architecte essaya du moins de faire partager les travaux de la voûte entre Michel-Ange et Raphaël, son propre neveu ; mais Jules II fut inébranlable. Bramante reçut sèchement l'ordre de préparer les planches et les cordes nécessaires pour la charpente des échafaudages.

Quant à Michel-Ange, il s'était enfermé la rage au cœur, la fièvre à la tête, et refusant de voir qui que ce fût au monde.

Lorsque tout fut prêt, le fougueux artiste montra ses dessins et voulut s'en remettre, pour l'estimation de son travail, à Julien de San Gallo, un de ses principaux ennemis.

Mais cette fois la haine et l'envie eurent aussi leur pudeur. San Gallo proposa la somme de quinze mille ducats, et le marché fut passé immédiatement.

Après quoi Michel-Ange se dirigea vers la Sixtine, et, adressant pour la première fois la parole à Bramante, lui dit avec un ton de hauteur et d'ironie insultante :

— Comment vous y prendrez-vous, maître, pour élever cet échafaud ?

— Mais comme l'art l'exige (répondit Bramante avec non moins de fierté).

— C'est-à-dire ?

— C'est-à-dire, monsieur (puisque vous semblez ignorer les premières règles du métier que vous venez d'embrasser), que je ferai pratiquer des trous dans la voûte, que de ces trous je ferai descendre des cabestans, et que ces cabestans soutiendront le plancher mobile sur lequel vous travaillerez.

— A merveille, maître Bramante! mais me permettrez-vous une simple question?

— Faites.

— Comment boucherez-vous ces trous lorsque mes peintures seront terminées?

— On y pourvoira (répondit Bramante avec humeur).

— Michel-Ange haussa les épaules, et appelant à voix haute le maître charpentier :

— Maître (lui dit-il), prends tous les cordages, je te les donne : tu peux les vendre à ton profit, ce sera la dot de tes deux pauvres filles.

Puis il expliqua au pape, étonné, par quel mécanisme ingénieux et simple il entendait construire son échafaud, au moyen de contrefiches détachées du mur, et sur le modèle qui a été suivi depuis pour tous les grands ouvrages.

Les jours suivants, il fit venir de Florence Jacques de Sandro, Ange de Donnino, Bugiardini, Granacci, enfin les peintres les plus connus dans la pratique de la fresque. Il les fit monter sur son échafaud, leur livra un pan de muraille, et les fit travailler à côté de lui. Deux ou trois heures lui suffirent pour être au fait du mécanisme qu'il ignorait. Il les paya largement, abattit ce qu'ils venaient de faire, se renferma seul dans la chapelle et ne voulut voir personne.

Sans aides, sans manœuvres, sans apprentis, il trempait lui-même sa chaux, faisait son crépi, broyait ses couleurs.

Ce qu'il dut dépenser de travail opiniâtre et de patience infinie pour vaincre les petits obstacles matériels qui ne tiennent qu'à la pratique d'un art, c'est incalculable et prodigieux : souvent un peu plus ou moins d'eau, une couche plus mince ou plus épaisse, la moindre misère enfin faisait moisir et tomber sa fresque à demi terminée.

Ce qui était un embarras sérieux et presque insurmontable pour le pauvre Michel-Ange, n'était qu'un jeu pour le savant San Gallo, et autres grands esprits de sa trempe; et pour peu qu'on eût voulu avoir recours à leur haute expérience et à leurs profondes lumières, ils vous auraient expliqué doctoralement les qualités du granit ou du *travertino*, la dose d'eau convenable pour bien pétrir un enduit, le temps strictement nécessaire pour le délayement et la dessiccation de la chaux. C'est ainsi que va le monde! Quoi qu'en ait pu dire le vieux Buonarroti, le grand Michel-Ange ne faisait qu'un maçon fort médiocre.

Mais le génie se joue des grandes comme des petites difficultés. Déjà la couleur et la chaux obéissaient au maître souverain, comme lui avaient obéi le marbre et le bronze : la matière domptée, il ne lui restait plus qu'à dérouler sa vaste épopée biblique, conçue en une seule nuit ! la pensée du Dante, le divin poëte, incarnée sous une autre forme dans l'artiste divin, se traduisait en peinture. Même originalité de conception, même grandeur de style, même aspiration puissante vers la sublime unité. Tous les deux ont embrassé dans leurs vastes compositions la création tout entière, l'ordre, la série des temps, depuis la chute des anges rebelles jusqu'au jugement suprême.

Je ne m'arrêterai pas à décrire le poëme de la Sixtine à ceux qui ne l'ont pas vu, comme je ne traduirai pas l'épopée dantesque à ceux qui ne l'ont pas sentie. Ce serait parler musique aux sourds et couleurs aux aveugles.

Michel-Ange n'avait employé que vingt mois à son œuvre immense. Le jour où il descendit des échafaudages, ses yeux s'étaient tellement habitués à regarder en haut, qu'il ne pouvait plus les tourner vers la terre : touchant et douloureux symbole du génie, obligé de faire encore route avec les hommes après avoir habité quelque temps les régions célestes !

Au milieu des tourments de toute sorte qui assiégèrent Michel-Ange pendant cette grande épreuve, il faut compter aussi les impatiences, les ennuis, les menaces du bouillant pontife. Tout vieux et tout cassé qu'il était, cet homme indomptable montait à chaque instant sur l'échafaud, se glissait sous la voûte, grondait, conseillait, pressait le pauvre artiste, qui eût donné volontiers ce qui lui restait d'années à vivre, pour qu'on le laissât travailler en paix.

Un jour c'étaient des remarques sur l'emploi trop sobre des couleurs brillantes et sur la pauvreté des dorures.

Et l'artiste de répondre :

— Saint-père, les hommes que j'ai peints là-haut ne portaient point d'or dans leur temps : c'étaient de saints personnages qui avaient l'amour de la pauvreté et le mépris des richesses.

Une autre fois c'étaient des plaintes et des exclamations sur la lenteur de l'artiste.

— Quand finiras-tu donc (s'écriait le pape)?

— Quand je serai satisfait (répondait Michel-Ange).

Enfin, comme la Toussaint approchait, le pape monta une dernière fois sur la charpente, et signifia brièvement au peintre qu'il voulait ce jour-là, lui, Jules II, à qui personne n'avait jamais résisté, dire la messe dans la chapelle.

— Mais si je n'ai pas fini ce jour-là (riposta l'artiste avec une égale impatience)?

— Si tu n'as pas fini... si tu n'as pas fini... je te ferai jeter à bas de cet échafaud.

— C'est qu'il est homme à le faire comme il le dit! pensa Michel-Ange, et le soir-même l'échafaud fut enlevé.

Je n'essaierai même pas de décrire l'impression foudroyante et terrible que fit ce chef-d'œuvre, lorsqu'il fut livré à l'admiration du public. Alors, comme aujourd'hui, la voûte de la Sixtine fut considérée comme le prodige le plus étonnant de l'art humain : Michel-Ange avait trente-sept ans lorsqu'il acheva ces peintures.

Deux ans après, le pape mourut, et Michel-Ange pleura amèrement sa mort. Ces deux caractères étaient faits l'un pour l'autre, Jules II ne pouvait plus se passer de Michel-Ange. On raconte que, peu de temps avant la mort du pape, une scène fort vive eut lieu entre lui et Michel-Ange à l'occasion d'un congé que demandait le dernier pour aller voir la fête de Saint-Jean à Florence; scène qui se termina comme toujours par un redoublement d'amitié et de faveur. On assure même que le pauvre vieillard, sentant peut-être que sa fin approchait, et ne voulant pas laisser un souvenir amer au cœur de l'artiste qu'il avait estimé, lui fit faire de touchantes excuses, et lui envoya un cadeau de cinq cents ducats pour s'amuser pendant la fête.

Enfin Jules II est le seul qui ait osé gronder, menacer, maltraiter Michel-Ange. Il alla même un jour jusqu'à lever la canne sur lui! Et cependant le grand artiste ne put jamais se consoler de sa perte; et cependant, après son domestique Urbino, Jules II est sans doute l'homme que Michel-Ange ait le plus aimé sur la terre !

L'avénement de Léon X marque une époque de travaux stériles, d'amers dégoûts, de sourdes persécutions dans la vie de Michel-Ange. Il était écrit que la destinée de cet homme se briserait de temps à autre comme un torrent sur le roc, pour rejaillir ensuite plus impétueuse et plus fière. Pendant neuf longues années nous n'entendons parler de Michel-Ange qu'à une occasion qui fait le plus grand honneur à son âme d'artiste et à ses sentiments de citoyen.

L'Académie de Florence avait envoyé des députés à Léon X, le suppliant de rendre à sa patrie les cendres de Dante Alighieri, l'auguste et malheureux exilé qui avait deux siècles auparavant rendu son dernier soupir à Ravenne. Dans ces jours d'inaction forcée, de sombre tristesse, Michel-Ange lisait les chants du poète florentin, traçant sur la marge à la plume tous les sujets qui frappaient son imagination : admirable chef-d'œuvre qui serait d'un prix inestimable aujourd'hui s'il n'avait péri à la mer ! Quel autre que Michel-Ange était plus digne de traduire et d'illustrer le Dante ?

A la première nouvelle de la démarche qu'on allait essayer auprès du pontife, l'artiste s'émut. Ce fut avec un généreux élan, avec une vive et ardente sympathie qu'il s'associa à cette œuvre de réparation et de justice. Nous lisons au bas de la supplique originale, qui existe encore aux archives de Florence, ces nobles paroles :

« Moi, Michel-Ange, sculpteur, adresse la même prière à Votre Sainteté, de faire au divin poëte un tombeau digne de lui. »

Hélas! faudra-t-il donc maudire Léon X, le Mécène tant célébré qui a donné son nom au siècle, pour ne pas avoir accepté l'offre du sculpteur, pour avoir privé le monde d'un tel monument?

Mais par quelle suite de contrariétés et d'intrigues Michel-Ange en était-il arrivé à n'avoir plus autre chose à faire qu'à lire et à commenter les vers du Dante ? Il faut remonter à la source de ces tristes débats.

Jules II, un peu avant sa mort, avait fait promettre à son artiste qu'il se remettrait à son tombeau réduit à des proportions plus modestes. Les cardinaux Santi-Quattro et Aginense, nommés par le pape ses exécuteurs testamentaires, avaient reçu la promesse de Michel-Ange qu'il reprendrait aussitôt les statues qu'il avait commencées, comme pour donner un essai des différentes séries de figures qui devaient orner le monument. De ce nombre était le magnifique guerrier écrasant son captif, et qu'on appelle généralement du nom de *Victoire*, et la moitié de Saint-Pierre-aux-liens dont nous parlerons plus tard. Michel-Ange allait donc se livrer de nouveau à son art favori, lorsque Léon X intervint, et ordonna à l'artiste de le suivre immédiatement à Florence pour s'occuper de la façade de Saint-Laurent.

Quant à Jules II, puisqu'il était mort, il avait bien le temps d'attendre son tombeau.

Michel-Ange obéit. À peine a-t-il eu le temps de présenter un projet (nouvelle commission de Léon X), on oblige Michel-Ange à partir pour Carrare.

Nous l'avons déjà vu, le voyage lui portait malheur! ce fut pendant son premier séjour à Carrare, qu'on le desservit auprès de Jules II, son second départ fut le signal de nouvelles attaques. Seulement, la première fois, on se contenta de dénigrer son talent; la seconde fois, on alla jusqu'à calomnier sa probité.

On persuada au pape (et cela fait honneur à la calomnie, quand on songe que ce pape était Léon X) que Michel-Ange, par de misérables calculs d'argent, préférait les marbres de Carrare à ceux de Seravezza en Toscane. Aussitôt l'ordre lui fut donné de commencer l'exploitation de nouvelles carrières.

Michel-Ange, avec une docilité surprenante chez un tel homme, quitte sur le champ Carrare, et se rend à Pietra-Santa. Il y perd des années entières, prend des peines infinies pour extraire les nouveaux marbres, pour ouvrir des routes praticables, et pour transporter les matériaux jusqu'au bord de la mer. Lorsqu'après tant de soins, après tant de labeurs, il arriva à Florence, le pape ne songeait plus à Saint-Laurent, qui attend encore sa façade.

Cette fois l'artiste irrité se renferma dans sa hauteur, et ne daigna pas se montrer dans une cour où on osait si effrontément lui manquer de respect.

Ce fut vers la même époque (nous avons du moins tout lieu de le croire) qu'éclata cette discussion tristement célèbre entre Raphaël et Michel-Ange, les deux premiers génies de leur siècle ; discussion fâcheuse et regrettable sous tous les points, dont il faut absoudre la mémoire des deux illustres rivaux, et dont la responsabilité tout entière retombe sur ces hommes médiocres et jaloux qui se glissent, on ne sait comment, dans l'intimité des grands artistes pour flatter leurs passions et envenimer leurs querelles.

Les biographes rapportent que Michel-Ange, dans un mouvement de colère, se serait écrié, que la peinture à l'huile n'était qu'un art de femme, bon tout au plus pour les gens aisés et les paresseux. Il protégea visiblement Sébastien del Piombo, et dessina de sa propre main plusieurs tableaux coloriés seulement par ce peintre; entre autres, la *Résurrection de Lazare*, que le bon frère Sébastien eut la naïveté d'opposer à la *Transfiguration* de Raphaël.

Sur ces entrefaites Léon X mourut empoisonné. Les arts, les lettres perdirent en lui un protecteur que Michel-Ange n'eut pas à regretter pour son compte. Pendant tout le temps de son pouvoir, le pape florentin s'était montré constamment hostile à son compatriote.

Adrien VI, Flamand d'origine, succéda à Léon. Mais ce fut encore pire pour notre artiste: le nouveau pape eut la singulière idée de faire jeter à bas le plafond de la Sixtine, sous prétexte qu'il ressemblait plus à un bain public qu'à une voûte d'église. Il fut même question de traduire Michel-Ange en justice, au sujet du tombeau de Jules II, pour lequel il avait touché des avances, et qu'il ne se hâtait pas de terminer. Le sculpteur, frémissant de rage, voulut courir à Rome; mais le cardinal de Médicis, qui fut bientôt Clément VII, l'exhorta à prendre patience, et lui fit bâtir en attendant la bibliothèque et la sacristie de Saint-Laurent, les deux premiers ouvrages d'architecture exécutés par Michel-Ange. Il avait alors quarante ans.

Cependant le duc d'Urbin, neveu de Jules II, trouvant les procédures trop lentes à son gré, eut recours à un moyen plus expéditif pour obliger Michel-Ange à reprendre le monument de son oncle. Il le fit menacer (comme cela se pratiquait de ce temps de justice sommaire) d'un bon coup de poignard entre les côtes, s'il ne se montrait pas plus docile et plus accommodant. On voit que ce bon duc d'Urbin entendait les affaires à merveille !

Clément VII, monté sur le trône pour le désespoir de Benvenuto Cellini, ayant appelé Michel-Ange auprès de lui, lui donna un conseil qui eût fait le plus grand honneur à un jurisconsulte. — Mon cher Buonarroti (lui dit le pape à l'oreille), au lieu de vous défendre, vous n'avez qu'à attaquer les héritiers de Jules II. Il est vrai que vous avez reçu des à-comptes ; mais, au prix dont on paye aujourd'hui vos statues, l'argent que vous avez touché ne couvre pas les travaux que vous avez faits. Amenez-les donc devant les tribunaux, et de débiteur vous deviendrez créancier.

— J'aime mieux terminer le monument (répondit sérieusement l'artiste, et il retourna immédiatement à Florence).

Déjà tout le monde était en armes, comme le dit Benvenuto ; une cohue de brigands, ramassés de tous les coins de l'Europe, se rua sur la ville éternelle, et la mit à feu et à sang. Cellini se vante d'avoir tué lui-même le connétable de Bourbon, chef de cette armée de vandales, d'un coup d'arquebuse à la tête.

Cependant Florence, par un effort désespéré et suprême, secoua une dernière fois le joug des Médicis : on s'assembla pour délibérer sur la forme du nouveau gouvernement ; et c'est alors qu'au sein du conseil éclata cette motion unique dans l'histoire.

On proposa de nommer Jésus-Christ roi de Florence.

Le nouveau roi passa, comme on le pense, à une grande majorité. Cependant, par une opposition systématique qui fait le plus grand honneur à l'extrême gauche de ce temps-là, on trouva dans l'urne du scrutin vingt boules noires.

Jésus-Christ fut donc proclamé roi de Florence, et l'on inscrivit aussitôt sur les drapeaux de la république :

Jesus Christus, rex Florentini populi, S. P. decreto electus.

Cette élection tout irréprochable qu'elle est au fond, et toute régulière qu'elle paraît dans la forme, ne laissa pas que de flatter médiocrement Clément VII. Il se hâta, nouveau Coriolan, de lancer sur sa patrie une avalanche de barbares, qui s'écriaient du haut de ces riantes collines d'où l'on aperçoit la ville des fleurs : — Prépare tes brocarts, ô Florence, nous venons les acheter à mesure de piques. — Alors commença cet admirable siége soutenu par treize mille hommes contre une armée qui en comptait plus de trente-quatre mille. Le peuple se défendit héroïquement pendant onze mois. Huit mille citoyens périrent sur la brèche, mais ils tuèrent au pape quatorze mille soldats.

Michel-Ange n'hésita pas entre le peuple et la famille de ses bienfaiteurs : nommé membre du comité des Neuf, et chef des fortifications de la ville, il fit le tour des remparts, et déclara que, si on ne prenait pas les mesures les plus énergiques, les Médicis entreraient quand ils voudraient ; mais le parti des nobles, qui méditait peut-être déjà la reddition de Florence, fit semblant de trouver ses précautions excessives, et accusa le grand artiste de lâcheté et de peur.

Michel-Ange ne tint pas à cet outrage, et, se faisant lui-même ouvrir une porte, se retira à Venise, comme autrefois le héros d'Homère sous sa tente.

Les envoyés de Florence ne tardèrent pas à le rejoindre : ils le trouvèrent, comme toujours, triste, austère, rêveur au fond d'une des rues les plus isolées de la Giudecca ; on l'entoura, on le supplia, au nom de la liberté et de la patrie, d'oublier tous les torts que le gouvernement pouvait avoir envers lui. Michel-Ange voulut en vain résister : il céda, et, de retour à Florence, reprit ses fonctions de général et de stratégiste à la tête des défenseurs de la ville.

C'était trop tard : la dernière heure de l'indépendance italienne avait sonné : Charles V avait jeté son épée dans la balance. L'artillerie grondait nuit et jour ; les plus braves étaient tombés sous le feu ennemi ; les vieillards et les femmes, minés par les souffrances, décimés par la faim, couverts de cendres et de deuil, s'assemblaient sur les places, ou se prosternaient dans les églises, jurant à Dieu de mourir avant que de se rendre.

Michel-Ange s'était retranché sur le clocher de San-Miniato. Deux canons, braqués sur les assiégeants et tonnant sans cesse, avertissaient l'ennemi. Michel-Ange sourit fièrement de cette attaque insensée, et du haut de l'entablement de la tour il fit couler jusqu'en bas des matelas de laine qui amortissaient les coups, et préservaient le monument de la fureur des vandales. Certes, si Florence avait pu être sauvée, Michel-Ange aurait eu cette gloire. Déjà sa fermeté, son courage, les ressources de son vaste génie ramenaient l'espoir des assiégés, et jetaient la crainte et le doute dans le camp de l'ennemi, lorsque tout à coup on entendit dans les rues des cris d'alarme, des pleurs de femmes, et des imprécations de soldats : Malatesta était vendu aux Médicis, et l'infâme Valori avait livré sa patrie.

La capitulation qui ouvrit les portes aux nouveaux maîtres de Florence promettait une amnistie générale : on va voir comment les Médicis tinrent parole. Six des plus illustres citoyens eurent la tête tranchée. Les autres furent condamnés à la déportation ou à l'exil. On fouilla la maison de Michel-Ange, depuis les caves jusques au grenier ; mais l'artiste avait disparu, réfugié suivant les uns chez un ami, renfermé suivant les autres dans le clocher de *San Niccolo dell'Arno* : il dépassa les limites des Médicis, et défia la colère du pape.

Enfin Clément VII, fatigué de ce jeu, eut le bon esprit de comprendre que s'il arrivait à mettre la main sur l'artiste (ce qui d'ailleurs n'était pas facile), il n'aurait qu'une tête de moins ou un prisonnier de plus; tandis qu'en lui laissant la liberté et la vie, sa famille y gagnerait un monument de plus et aurait un ennemi de moins.

Ce fut donc cette fois le juge qui s'inclina devant le coupable : on lui fit faire toute espèce d'offres et de promesses, à la condition qu'il reprendrait ses ciseaux et s'occuperait sans aucun délai des monuments de Julien et de Laurent de Médicis.

Dans la sacristie de Saint-Laurent, comme dans tous ses chefs-d'œuvre, Michel-Ange a voulu sortir des routes battues ; génie impatient et souverain, il a dédaigné la règle, méprisé la tradition, brisé les entraves. Sa devise à lui, en peinture comme en sculpture, comme en architecture, est de n'imiter personne, et de ne point avoir d'imitateurs.

On voit en entrant les deux tombeaux, l'un à droite, l'autre à gauche, adossés aux murs de la chapelle. L'ordonnance et la décoration du local s'harmonisent merveilleusement aux masses de la sculpture et à la disposition des statues. Sur chacune des tombes, aux deux côtés inclinés du couvercle, sont couchées deux statues allégoriques. Tout cela est simple et grand ; rien ne trouble dans cette paisible retraite la méditation ou la prière. La pureté des lignes, l'harmonie de la composition, l'unité de l'ensemble, vous attirent et vous dominent par un charme singulier.

A droite c'est Julien de Médicis : c'est l'énergie, c'est la résolution, c'est la force ; à ses pieds sont couchés la Nuit et le Jour.

A gauche c'est Laurent : c'est la méditation, c'est le calme, c'est la pensée. Aussi cette statue admirable a été nommée *il Penseroso*. Les deux figures allégoriques couchées sur le tombeau de Laurent représentent, dit-on, le Crépuscule et l'Aurore. Va pour l'Aurore et le Crépuscule ! Ce que nous affirmons, c'est qu'on n'a jamais rien vu de plus parfaitement beau, dans l'idéal moderne, que ces quatre allégories et ces deux portraits de Michel-Ange : il ne s'agit pas de commentaires et d'analyses, ces six statues sont vivantes.

Entre les deux tombeaux Michel-Ange a

placé la Madone et l'enfant Jésus. Ce groupe magnifique n'est pas terminé : l'attitude et le mouvement de la Vierge sont admirables de naturel et de douceur; l'enfant Jésus a plus d'énergie et plus de grâce.

Tel est aussi le caractère général qu'on remarque dans la figure du Christ tenant la croix, exécuté par Michel-Ange vers le même temps, pendant son séjour à Rome, et placé dans l'église de la Minerve : dans cet ouvrage, un des plus achevés que nous ait laissés Buonarroti, le Sauveur des hommes respire plus de terreur que de confiance ; mais jamais, peut-être, l'imitation du corps humain n'a atteint sous le ciseau du grand sculpteur un degré de vérité plus complète et plus frappante.

La renommée de ce grand chef-d'œuvre franchit rapidement les Alpes ; et nous avons sous les yeux une lettre de François Ier, adressée au sieur Michel-Ange Buonarroti, par laquelle le roi-chevalier supplie l'artiste de vouloir bien lui accorder la permission de mouler sa statue.

Voici textuellement cette lettre curieuse, qui honore également le roi qui l'écrit et l'artiste auquel elle est adressée.

« Sieur Michel-Ange,

» Pour ce que j'ai grand désir d'avoir quelque besongnes de votre ouvrage, j'ai donné charge à l'abbé Saint-Martin de Troyes (François Primatice), présent porteur, que j'envoie par delà les monts, d'en recouvrer, vous priant, si vous avez quelques choses excellentes faites à son arrivée, les lui vouloir bailler, en les vous bien payant (digne roi!), ainsi que je lui ai donné charge; et davantage vouloir être content, pour l'amour de moi, qu'il molle le Christ de la Minerve et la statue de Notre-Dame de la *Febbre* ; afin que j'en puisse aorner l'une de mes chapelles, comme des choses qu'on m'assure être les plus exquises et excellentes en votre art.

» Priant Dieu, sieur Michel-Ange, qu'il vous ait en sa garde.

« Escript à Saint-Germain en Laye, le sixième jour de février mil cinq cent quarante-six.

» *Signé* FRANÇOIS.

» *Signé* LAUBÉPINE. »

Puisque nous en sommes aux éloges contemporains, après la lettre du roi citons quatre vers qu'on doit probablement à un homme du peuple, et qu'on trouva affichés contre la statue allégorique de la Nuit.

» La notte, che tu vedi in si dolci atti
» Dormire, fu da un angel scolpita
» In questo sasso ; e, perchè dorme, ha vita :
» Destala, se nol credi, e parleratti.

Michel-Ange répondit par cet autre quatrain aux vers du poëte inconnu :

» Grato m'è il sonno, e più l'esser di sasso,
» Mentre che il danno e la vergogna dura ;
» Non veder, non sentir m'è gran ventura ;
» Però, non mi destar ! deh, parla basso !

Alexandre de Médicis, ivre d'orgies et de sang, régnait à Florence, en attendant que

Lorenzino, le Brutus du seizième siècle, vint délivrer sa patrie en égorgeant ce bâtard sur un lit de débauche.

Une page de Benvenuto (le lecteur connaît déjà notre prédilection pour les mémoires de l'orfèvre florentin) nous fait assister à l'exposition de ce drame, et nous peint les deux personnages avec une vérité de couleurs à laquelle aucun récit ne pouvait atteindre.

— J'avais fini la médaille à ma manière (raconte Cellini), et je l'avais enfermée dans une petite boîte (c'était le portrait d'Alexandre); je dis alors au duc : Monseigneur, soyez tranquille, cette médaille sera bien supérieure à celle du pape Clément, et cela est bien naturel, car la médaille du pape est la première que j'aie faite; et messer Laurent, ici présent, qui est un homme d'un grand génie et d'un immense savoir, me donnera le sujet d'un beau revers pour votre médaille. A ces paroles Laurent répondit brusquement : Je ne songe à autre chose qu'à te donner un revers digne de Son Excellence. Le duc sourit, et, ayant regardé Laurent, lui dit : Laurent, faites-lui son revers; et il le gravera ici, et ne nous quittera point. Je le ferai le plus tôt que je pourrai, répliqua vivement Laurent, et je compte faire une chose qui étonnera le monde. Le duc, qui le prenait tantôt pour un fou, tantôt pour un poltron, se roula sur son lit, et rit beaucoup de ces paroles.

Après la mort du tyran, François Soderini s'écria en voyant Benvenuto : Voilà le revers de la médaille que t'avait promis Lorenzino !

Or le même duc Alexandre eut un jour fantaisie d'inviter Michel-Ange à monter à cheval pour faire avec lui le tour des remparts.

Buonarroti fit répondre à Son Excellence qu'il n'avait pas de temps à perdre, et partit immédiatement pour Rome.

A Rome un nouveau procès l'attendait : les procureurs du duc d'Urbin, avec cette ténacité qui a caractérisé les gens de loi de tout temps et de tous pays, avaient remis en train l'affaire du tombeau. De son côté, Clément VII, qui avait bien le droit d'avoir une volonté à lui, s'était promis qu'ils n'en viendraient pas à bout. Aussi ne manquait-il pas d'exhorter l'artiste à tenir bon : ce que faisant, la bénédiction de Sa Sainteté lui serait octroyée.

Mais Michel-Ange, qui avait plus d'envie au fond du cœur de terminer le monument, que de tomber dans les mains du duc Alexandre, s'arrangea avec les procureurs, c'est-à-dire qu'il en passa partout où ils voulurent, et se remit sérieusement au tombeau de Jules II.

Le dessin de ce mausolée, qui devait être à l'origine le plus grand monument de ce genre que les hommes eussent jamais vu, avait été réduit à cette simple façade en marbre adossée aux murs de l'église de Saint-Pierre-aux-liens.

Jules II avait lui-même choisi cette église pour l'endroit où il ferait placer son tombeau. Il aimait ce titre cardinalesque de Saint-Pierre-aux-liens. Sixte IV, son oncle, qui avait jeté les bases de la grandeur de sa famille, l'avait porté le premier; lui-même avait été cardinal de *San Pietro in vincoli* pendant trente-deux ans, et, devenu pape, il avait transmis cette dignité aux plus chéris de ses neveux.

Par une de ces fatalités qui s'attaquent aussi bien aux œuvres d'art qu'à la vie des artistes, toutes les influences divines et humaines vinrent s'opposer à l'achèvement de ce tombeau, quelque réduites, quelque amoindries qu'en fussent successivement les proportions.

De tous ces projets avortés, la seule statue vraiment digne de Michel-Ange, qui nous reste, est le Moïse; et encore cette statue, tout admirable et terrible qu'elle est, arrachée à sa destination première, déplacée de son point de vue naturel, isolée de l'ensemble dont elle devait faire partie, ne produit-elle aujourd'hui que la moitié de l'effet qu'elle aurait dû produire élevée à vingt pieds de hauteur, assise éternellement au bord de l'immense tombeau entre le ciel et la terre, au milieu d'un cortège de prophètes et de sibylles, à la place que lui avait marquée le sculpteur.

Je plains les critiques qui ont voulu mesurer le géant à leur taille de nains : tant de grandeur les écrase. C'est ici qu'il faut sentir au lieu de raisonner. Rien dans le chef-d'œuvre ne rappelle un précédent quelconque, une idée reçue, une tradition même lointaine : rien ne ressemble au classique ni par la conception, ni par le style, ni par la forme. C'est un rêve étrange et colossal, traduit en marbre pendant une nuit d'insomnie et de terreur ; c'est une inspiration biblique de la plus haute puissance, et telle que Dante lui seul saurait nous la décrire. Tout est surnaturel et formidable dans cette personnification sublime qui surpasse de cent coudées les héros des âges fabuleux.

Entrez dans l'église de *San Pietro in vincoli*, seul, à la nuit tombante ; contemplez, à la lueur incertaine du crépuscule, cette apparition surhumaine, et vous serez saisi d'un de ces épouvantements hyperboliques que produit sur une imagination fiévreuse la lecture de l'Apocalypse !

Le demi-dieu est assis dans sa majesté olympienne. Un de ses bras est appuyé sur la table de la loi, l'autre est ramené en avant avec la superbe nonchalance d'un homme qui n'a besoin que d'un froncement des sourcils pour se faire obéir de la multitude. Une barbe épaisse et séculaire se répand par flots sur sa vaste poitrine, comme un torrent qui déborde. Le caractère agreste et primitif de ce grand pasteur de peuples est empreint dans chaque muscle de son corps, dans chaque pli de son vêtement. Le double rayon que la vision de Jéhovah a laissé, comme une marque indélébile, sur le front du prophète, ressemble d'une manière frappante à la double corne acérée qui vient de percer la tête d'un bouc. Cet emblème d'énergie sauvage et de force animale ajoute je ne sais quoi d'étrange et de redoutable à la physionomie du colosse; car, en vérité, homme ou monstre, réalité ou symbole, cet être pense, et le peuple hébreu, comme l'a dit un poète, n'aurait pas eu tout à fait tort de se prosterner devant lui. Dieu lui eût pardonné peut-être.

Pendant que Michel-Ange travaillait à son Moïse, Clément VII, à l'exemple de Jules II, ne le laissait pas tranquille un seul instant : c'était une rage pour tous ces papes d'exiger de ce pauvre artiste toujours autre chose que ce qu'il était en train de faire. Pour obtenir quelque répit, il dut promettre au pape qu'il s'occuperait en même temps du carton du *Jugement dernier*; mais Clément VII n'était pas homme à se payer de paroles; il surveillait l'ouvrage en personne, et Buonarroti était obligé de passer continuellement du ciseau au crayon, et de la plume au maillet. Le Jugement! le Moïse! voilà donc deux ouvrages de peu d'importance et qu'il est facile de mener de front! Et cependant il le fallait: Sa Sainteté n'entendait pas raison.

Un jour on vint annoncer à Michel-Ange qu'il ne recevrait pas sa visite ordinaire: Clément VII était mort. L'artiste respira tout juste le temps du conclave.

Le nouveau pape, Paul III, n'eut rien de plus pressé que de se présenter à l'atelier de Buonarroti, suivi pompeusement de dix cardinaux. On reconnaît bien là le nouvel élu!

— Ah çà (dit le saint-père d'un ton tout à fait décidé)! j'espère bien que d'or en avant tout ton temps m'appartiendra, maître Buonarroti?

— Que Votre Sainteté daigne m'excuser

(repartit Michel-Ange); mais je viens de signer un engagement avec le duc d'Urbin, qui me force à terminer le tombeau du pape Jules II.

— Comment (s'écria Paul III)! voilà trente ans que j'ai un désir, et, maintenant que je suis pape, je ne pourrais le satisfaire?

— Mais le contrat, saint-père, le contrat!

— Où est-il ce contrat, que je le déchire?

— Comment (s'écria à son tour le cardinal de Mantoue, qui faisait partie du cortége)! mais que Votre Sainteté regarde le Moïse que maître Michel-Ange vient d'achever: cette statue seule suffirait et au delà pour honorer la mémoire de Jules.

— Maudit flatteur (murmura tout bas Michel-Ange)!

— Allons, allons! je prends l'affaire sur moi (dit le pape), tu ne feras que trois statues de ta main, d'autres sculpteurs se chargeront du reste, et je réponds du consentement d'Urbin. Et maintenant, maître, à la Sixtine! Il y a là un grand vide qui nous attend.

Que pouvait répondre Michel-Ange à une volonté si positive, si nettement exprimée? Il finit de son mieux ses deux statues de la Vie active et de la Vie contemplative, la Rachel et la Lia symbolique du Dante, et ne voulut pas tirer profit du nouvel engagement qu'on le forçait de subir; il déposa mille cinq cent quatre-vingts ducats, sur les quatre mille qu'il avait reçus, pour solder sur ses propres bénéfices le prix des travaux confiés aux autres artistes.

Ayant ainsi terminé cette malencontreuse affaire, qui lui avait causé tant de tracasseries et tant d'ennemis, Michel-Ange put enfin s'occuper exclusivement de l'exécution de son *Jugement dernier*, à laquelle il n'employa pas moins de huit à neuf ans.

Cet immense et unique tableau, où la figure humaine est représentée dans toutes les attitudes possibles, où tous les sentiments, toutes les passions, tous les reflets de la pensée, tous les élans de l'âme sont rendus avec une perfection inimitable, n'a jamais eu jusqu'ici, n'aura jamais de pendant dans le domaine de l'art.

Cette fois le génie de Michel-Ange s'attaquait tout bonnement à l'infini. Le sujet de cette vaste composition, la manière dont elle est conçue et exécutée, la variété admirable et la savante disposition des groupes, la hardiesse inimaginable et la fermeté des contours, le contraste de la lumière et des ombres, les difficultés, je dirais presque les impossibilités vaincues comme en se jouant et avec un bonheur qui tient du prodige, l'unité, l'ensemble, la perfection des détails, font du Jugement dernier l'œuvre la plus complète, le plus grand tableau qui existe. Cela est large et grandiose comme effet, et pourtant chaque partie de cette prodigieuse peinture gagne infiniment à être vue et étudiée de près; et nous ne connaissons pas de tableau de chevalet travaillé avec une telle patience, et fini avec un tel amour.

Le peintre ne pouvait choisir qu'une scène, quelques groupes isolés dans ce drame épouvantable qui se jouera le dernier jour dans la vallée de Josaphat, où toutes les générations seront entassées; et cependant, admirez la toute-puissance du génie! rien qu'avec un seul épisode, dans un espace borné, et par la seule expression du corps humain, l'artiste a su vous frapper d'étonnement et de terreur, et vous faire assister réellement à la suprême catastrophe.

Au bas du tableau, à peu près vers le milieu, on aperçoit la barque infernale, souvenir Dantesque, emprunté à la tradition païenne, d'après laquelle le poète d'abord, le peintre ensuite se sont plu à revêtir un maudit de la figure et de l'emploi de Caron.

« Caron, le diable aux yeux de braise, rassemble d'un geste toutes les âmes, et frappe de son aviron celles qui s'arrêtent (1). »

Il est impossible de se faire une idée de la science incroyable déployée par Michel-Ange dans toutes les contorsions de ces damnés entassés les uns sur les autres dans la barque fatale : tout ce que la douleur, le désespoir, la rage peuvent produire sur les muscles humains de contractions violentes, de tortures visibles, de crispations affreuses, est rendu dans le groupe avec une évidence à donner le frisson aux plus insensibles. A gauche de

(1) DANTE, *Enfer*, III.

cette barque on voit l'ouverture béante d'une caverne : c'est l'entrée du *Purgatoire*, où quelques démons se désespèrent de n'avoir plus d'âmes à tourmenter.

Le premier groupe, qui s'offre naturellement à l'attention du spectateur, est celui des morts que l'éclat de la trompette éternelle a réveillés dans leurs tombeaux. Les uns secouent leur linceul, d'autres entr'ouvrent avec peine leur paupière appesantie par un si long sommeil. Il y a vers l'angle du tableau un moine qui montre de la main gauche le divin juge, et ce moine est le portrait de Michel-Ange.

Le second groupe est formé par les ressuscités, qui montent d'eux-mêmes au jugement. Ces figures, dont plusieurs sont sublimes d'expression, s'élèvent plus ou moins légères vers l'espace, suivant le fardeau des péchés dont elles vont rendre compte.

Le troisième groupe, toujours en montant, à la droite du Christ, est celui des bienheureux. Il y a parmi toutes les saintes, dont les unes montrent l'instrument de leur supplice, les autres les stigmates de leur martyre, une tête admirable de beauté et de tendresse ; c'est une mère qui protége sa fille, en tournant vers le Christ des yeux remplis de foi et d'espoir.

Au-dessus de la foule des saintes on voit un quatrième groupe d'esprits angéliques, les uns portant la croix, les autres la couronne d'épines, instruments et attributs de la passion du Sauveur.

Le cinquième groupe, parallèle au quatrième que nous venons d'indiquer, est aussi composé d'anges. Tels nous les révèlent du moins l'éclat de leur jeunesse et la légèreté aérienne de leurs mouvements ; et ceux-là aussi portent comme en triomphe d'autres emblèmes de l'expiation divine : la colonne, l'échelle, l'éponge.

Au-dessous de ces anges et sur le même plan qu'occupent les saintes, à la gauche du Christ, est le chœur des justes, les patriarches, les prophètes, les apôtres, les martyrs ; ces saints personnages forment le sixième groupe.

Le septième est le plus horrible et celui dans lequel l'art de Michel-Ange se montre dans toute son effrayante grandeur ; ce sont tous les proscrits foudroyés par l'arrêt divin, et entraînés au supplice par les anges rebelles. Le spectateur le plus froid ne saurait résister à un tel spectacle ; on se croit dans l'enfer ; on entend les cris de douleur et les grincements de dents des misérables qui, suivant la terrible expression Dantesque, désirent en vain une seconde mort.

Les huitième, neuvième et dixième, qui occupent le bas de la composition, sont formés, comme nous l'avons dit, par la barque de Caron, par la grotte du Purgatoire, et par les anges du jugement, au nombre de huit, soufflant de toutes leurs forces dans leurs trompettes d'airain, pour convoquer les morts des quatre coins de la terre.

Enfin, dans un onzième groupe, au centre à peu près de la partie supérieure du tableau, au milieu des deux foules de bienheureux, assis sur les nuages, le souverain Juge lance d'un mouvement terrible la malédiction sur les réprouvés : *Ite, maledicti, in ignem æternum.* La Vierge détourne la tête et frissonne ; à la droite du Christ est Adam, à sa gauche est saint Pierre : c'est la même place que leur avait assignée Dante dans son Paradis.

Cette œuvre immense fut découverte au public le jour de Noël 1541 : elle avait coûté huit années de travail. Michel-Ange avait alors soixante-sept ans.

Plusieurs anecdotes relatives à ce grand tableau sont parvenues jusqu'à nous.

On raconte que le pape, scandalisé de la nudité de certaines figures (nudité que fut chargé d'habiller dans la suite Daniel de Volterre), fit dire à Michel-Ange qu'il eût à les couvrir.

Michel-Ange répondit avec sa brusquerie ordinaire :

— Vous direz au pape qu'il s'occupe un peu moins de corriger mes peintures, ce qui est très-aisé ; et qu'il s'occupe un peu plus de réformer les hommes, ce qui est très-difficile.

On dit aussi que Biagio, maître des cérémonies de Paul III, ayant accompagné le pape dans une visite que Sa Sainteté voulut faire à la fresque de Michel-Ange, lorsqu'elle n'était qu'à moitié terminée, se permit de dire aussi son opinion sur le tableau du Jugement.

— Saint-Père (dit le bon messer Biagio), si je dois exprimer mon avis, ce tableau me paraît plus digne de figurer dans une taverne que dans la chapelle d'un pape.

Malheureusement pour le maître des cérémonies, Michel-Ange se trouva derrière lui, et ne perdit pas un mot du compliment de Biagio ; à peine le pape fut-il sorti, que l'artiste irrité, voulant faire un exemple qui dégoûtât à jamais les critiques, plaça bien et dûment le brave messer Biagio dans son Enfer, sous le déguisement peu flatteur de Minos. C'était toujours le procédé de Dante, qui lorsqu'il avait à se venger de quelqu'un de ses ennemis le damnait de son autorité privée.

Je vous laisse à penser les lamentations et les plaintes du pauvre maître des cérémonies, lorsqu'il se vit condamné de la sorte! Il se jeta aux pieds du pape, déclarant qu'il ne se lèverait pas avant que Sa Sainteté ne l'eût fait tirer de l'Enfer ; c'était le plus pressant. Quant à la punition que méritait le peintre pour cet affreux sacrilége, messer Biagio s'en remettait entièrement à la haute impartialité du Saint-Père.

— Messer Biagio (répondit Paul III avec tout le sérieux qu'il put garder), vous savez que j'ai reçu de Dieu un pouvoir absolu dans le Ciel et sur la Terre ; mais je ne puis rien en Enfer : aussi restez-y.

Pendant que Michel-Ange travaillait à son tableau du Jugement, il tomba de l'échafaud et se blessa gravement à la jambe : aigri par la douleur et pris d'un accès de misanthropie, le peintre s'enferma chez lui et ne voulut voir personne. Mais il comptait sans son médecin, et le médecin cette fois était au moins aussi entêté que le malade.

Cet excellent ministre d'Esculape se nommait Baccio de Rontini : ayant appris par hasard l'accident survenu au grand artiste, il se présente chez lui et frappe inutilement à la porte.

Personne ne répond. Il crie, il s'emporte, il appelle à haute voix les voisins, les domestiques : silence complet !

Il va chercher une échelle, la dresse contre la façade de la maison, et essaie d'entrer par les croisées : les fenêtres sont hermétiquement closes, et les volets sont solides.

Que faire? Tout autre à la place du médecin aurait quitté la partie ; mais Rontini n'était pas homme à se décourager pour si peu. Il descend avec beaucoup de peine dans la cave, remonte avec non moins de travail dans la chambre de Buonarroti, et, moitié de gré, moitié de force, soigne triomphalement la jambe de son ami.

Il était temps : l'artiste, exaspéré par ses souffrances, était résolu à se laisser mourir !

A peine Michel-Ange avait-il terminé le Jugement, que Paul III, dont l'ambition paraissait grandir en raison du génie et de la renommée de Michel-Ange, voulut avoir aussi sa chapelle, comme Sixte IV avait eu la sienne. Il fit donc bâtir le nouveau monument par l'architecte San Gallo, et chargea Buonarroti de la décoration et des peintures, en lui recommandant toutefois de choisir ses sujets dans la vie des apôtres, et particulièrement de saint Paul : c'était aussi une allusion à son nom.

La chapelle fut appelée Pauline ; et Michel-Ange, fidèle au programme du pape, y peignit deux tableaux que l'emplacement peu favorable et les dégradations souffertes font paraître bien inférieurs aux fresques de la Sixtine. Les sujets de ces deux tableaux sont le Crucifiement de saint Pierre et la Conversion de saint Paul : ce sont les derniers ouvrages en peinture de Michel-Ange.

Ses tableaux de chevalet sont fort rares.

Nous avons déjà parlé de son antipathie et de son mépris pour la peinture à l'huile.

Nous savons que Michel-Ange avait fait pour Alphonse, duc de Ferrare, un tableau représentant les amours de Léda. Lorsqu'il avait été question de fortifier Florence, Michel-Ange avait été envoyé à Ferrare pour y étudier le plan des fortifications de cette ville. Alphonse le reçut avec les plus grands témoignages de déférence et d'estime, lui montra les travaux, et s'entretint long-temps avec lui de forts, de contrescarpes et de tactique militaire ; mais au moment où l'artiste voulut prendre congé :

« Vous êtes mon prisonnier (s'écria le duc en riant), et je commettrais une trop grande faute si je vous laissais partir sans obtenir de vous la promesse formelle que vous ferez quelque chose pour moi, statue ou tableau, peu m'importe! pourvu que ce soit de la main de Michel-Ange. Ce n'est qu'à ce prix que vous obtiendrez votre liberté. »

Michel-Ange promit ; mais lorsqu'un aide-de-camp du duc Alphonse vint réclamer la promesse de la part de son maître, il s'y prit si gauchement que l'artiste, indigné de sa sottise, le renvoya durement et sans vouloir rien lui donner.

L'envoyé du duc, meilleur soldat apparemment que connaisseur, avait dit en voyant le tableau : *Quoi, n'est-ce que ça !* Il avait peut-être ajouté tout bas, le digne homme : Ce n'était pas la peine de me déranger pour si peu.

— Quel est votre état (demanda sévèrement Michel-Ange)?

— Je suis marchand (répondit le courtisan voulant faire de l'esprit). C'était un coup de patte donné aux Florentins, célèbres de tout temps par leur commerce.

— Eh bien! vous avez fait ici de mauvaises affaires pour votre patron : allez-vous-en comme vous êtes venu.

Puis, se tournant vers un des garçons de l'atelier, appelé Antoine Nini, il lui dit d'une voix radoucie :

— Mon cher Antoine, tu n'es pas riche, et tu as deux sœurs à marier ; viens ici, prends cette Léda et vends-la pour ton compte.

Ce tableau fut acheté par François Ier, et on n'en a plus entendu parler.

Les autres tableaux qu'on cite comme étant de Buonarroti ont été peints en général sur ses dessins par Daniel de Volterre ou par Sébastien del Piombo. De ce nombre sont le Sommeil de l'enfant Jésus, la Prière au jardin des Oliviers, les Crucifix de Plaisance et de Bologne, la Flagellation de Naples, et la Déposition de Viterbe.

Mais il est temps désormais de considérer Michel-Ange sous le troisième aspect de cette trinité de génie qui, incarnée dans un seul homme, le rend le plus complet et le plus prodigieux artiste qui ait jamais existé.

Trois cercles enlacés étaient la devise de Buonarroti, emblème parlant de cette triple couronne que lui a donnée la postérité.

Comme architecte, Michel-Ange nous a laissé la Sacristie et la Bibliothèque de Saint-Laurent, le Couronnement du palais Farnèse, l'Église de Saint-Jean des Florentins, le Capitole et la miraculeuse Coupole de Saint-Pierre de Rome.

Antoine de San Gallo venait de mourir, Raphaël et Bramante l'avaient précédé au tombeau. Michel-Ange atteignait sa soixante-douzième année, et il avait acquis plus que tout autre, après tant de travaux et tant de succès, le droit de passer les derniers jours de sa vie dans un vénérable repos, lorsque Paul III vint le supplier, presqu'au nom de Dieu, de prendre la direction de Saint-Pierre.

Voici à quelle occasion le pape avait songé à Michel-Ange, comme étant le seul homme propre à se charger de cet immense fardeau. Peu de jours avant la mort de San Gallo, comme il avait été question de fortifier un des quartiers de Rome qu'on appelle le *Borgo*, Paul III voulut ouvrir une sorte de concours où plusieurs hommes célèbres dans les différentes branches des arts seraient admis à donner leur opinion. Comme de juste, San Gallo eut le premier la parole en sa qualité de premier architecte et de favori du pape. San Gallo développa donc son plan de fortifications avec cette morgue hautaine et ce ton d'assurance qui n'admettent pas la possibilité d'une objection.

Tous les autres membres de l'assemblée se rangèrent exactement du côté de l'architecte. Michel-Ange, interrogé à son tour, refusa d'abord de répondre; mais, pressé par le pape, il finit par donner un avis contraire de tous points à celui de San Gallo.

L'architecte furieux répondit avec l'orgueil d'un pédant et l'insolence d'un favori :

— Vous n'êtes pas compétent en ces matières, mon maître. Parlez-nous de statues et de tableaux, à la bonne heure ! c'est là votre état; vous n'êtes qu'un peintre et un sculpteur.

— Tout au contraire, monsieur (répliqua fièrement Michel-Ange), je sais peu de choses dans les arts dont vous parlez; mais pour ce qui est des fortifications, j'en sais un peu plus que vous et les vôtres.

Le plan de Michel-Ange fut adopté, et depuis ce jour le pape l'avait nommé *in petto* architecte de Saint-Pierre.

L'histoire de ce monument, qui est resté la plus grande merveille que les hommes aient élevée sur la terre, formerait à elle seule un volume. Constantin en posa la première pierre vers l'an 324. Honorius y fit mettre des portes d'argent massif en 626. En 846 les Sarrasins les emportèrent. Pendant les XIII° et XIV° siècles plusieurs papes firent réparer l'antique basilique. Nicolas V avait conçu le projet de rebâtir Saint-Pierre, sur les dessins de Léon Baptiste Alberti; mais à peine les nouveaux murs étaient-ils hors de terre, que ce pape mourut, et tout resta dans l'abandon.

Enfin, le 18 avril 1506, Jules II, qui entrait alors dans sa soixante-treizième année, eut la gloire de poser la première pierre de la nouvelle construction. Bramante, Raphaël, Julien de San Gallo, fra Joconde de Vérone continuèrent successivement l'édifice : des sommes énormes, incalculables vinrent s'engloutir dans le gouffre de cette œuvre immense, qui paraissait destinée (moderne Babel) à n'être jamais terminée.

Lorsque Paul III eut recours, comme à une dernière ancre de salut, à la haute science, à l'austère probité de Buonarroti, l'entreprise de Saint-Pierre était devenue un champ ouvert à tous les trafics, à toutes les cupidités, à toutes les dilapidations. Cent cinquante ans de travaux et dix millions de dépense n'auraient pas suffi pour venir à bout de cette forêt de clochers, de coupoles, de flèches, de colonnes, de portiques, d'arcades, d'ornements de tous les goûts et de tous les âges, que l'avidité des architectes avait multipliés et entassés dans le projet multiforme.

Michel-Ange éloigna de lui ce calice tant qu'il put. Il savait à quels dégoûts, à quels combats de toutes sortes était réservée sa vieillesse. — Dieu m'est témoin (s'écriait-il à Vasari) que c'est contre mon gré et uniquement par force que j'ai accepté l'entreprise de Saint-Pierre. — Dans une lettre à Ammannati, il disait en parlant de son modèle : — S'il l'emporte, je ne puis qu'y perdre beaucoup : c'est ce que vous me ferez plaisir de faire entendre au pape ; car je ne suis pas bien portant.

Mais malgré ses refus réitérés, force lui fut enfin d'accepter ; il se fit présenter le modèle de son prédécesseur. Les élèves et les partisans de San Gallo, qui prévoyaient que l'avénement de Michel-Ange mettrait un terme à leur pillage organisé, en lui présentant les plans de leur maître, s'écrièrent avec amertume :

— C'est un pré où il y aura toujours à faucher.

— Vous dites plus vrai que vous ne pensez (répondit Michel-Ange) ; il ne manque à ce beau dessin qu'une chose : c'est l'unité.

En quinze jours il fit son modèle en relief, qui ne coûta que vingt-cinq écus. Il avait fallu quatre ans pour exécuter le modèle de San Gallo, et il avait coûté 5,180 écus d'or.

Le lendemain du jour où fut exposé le nouveau plan de Michel-Ange, un décret de *proprio motu* du pape le nommait architecte et directeur en chef des constructions de Saint-Pierre.

Buonarroti n'exigea qu'une seule condition, et sur celle-là il fut inébranlable : c'est que ses fonctions seraient gratuites. Il voulait prêcher par l'exemple.

Armé des pouvoirs les plus absolus, l'austère et inflexible vieillard se présenta à Saint-Pierre. Il fit abattre l'ouvrage de San Gallo, et chassa sans pitié cette troupe honteuse d'intrigants et de pillards, comme le Christ avait chassé jadis les marchands de son temple.

De toutes parts le nouvel édifice s'éleva, comme par enchantement, dans ses simples et majestueuses proportions, sur le plan d'une croix grecque. En trois années Michel-Ange banda les quatre nefs, termina les deux grands escaliers qui conduisent au sommet des voûtes, fortifia les arcs, renforça les piliers.

L'édifice grandissait à vue d'œil : le but du

grand artiste était d'empêcher désormais tout remaniement, toute profanation que la cupidité ou l'envie auraient pu tenter contre son projet. Enfin Paul III, avant sa mort, qui arriva en 1549, eut la consolation de voir la forme de la grande basilique irrévocablement arrêtée.

La même ordonnance corinthienne régnait au dehors comme au dedans, les hémicycles des deux croisées, les compartiments de leurs voûtes, leurs chapelles et les fenêtres qui les éclairent étaient terminés. Enfin on vit s'élever en pierre le soubassement extérieur d'où devait s'élancer au ciel, au moyen d'un seul rang de colonnes, cette admirable coupole, le *non plus ultra* de l'art humain.

Pendant dix-sept années consécutives, et quels que fussent d'ailleurs les contrariétés et les déboires de toute sorte éprouvés par Michel-Ange, soit par le changement des différents papes qui se succédèrent, soit par les calomnies et les cabales de ses nombreux ennemis, il ne cessa jamais de travailler avec autant d'activité que de désintéressement à cette grande œuvre, dont il regardait désormais l'achèvement comme le plus sacré de ses devoirs.

Nous lisons dans une de ses lettres, par laquelle il répond aux offres et aux instances qu'on lui faisait de la part du grand-duc de Toscane, qui l'invitait à se rendre auprès de lui :

— Obtenez de sa Seigneurie, qu'avec sa permission je puisse suivre la construction de Saint-Pierre, jusqu'à ce que je l'aie amenée au point qu'on ne puisse plus lui donner une autre forme : si je quittais auparavant, je serais la cause d'une grande ruine, d'une grande honte et d'un grand péché.

Son but fut atteint : après sa mort, cette immense voûte fut exécutée religieusement, sur son modèle, par Giacomo della Porta et Domenico Fontana.

On poussa à tel point le respect pour ce qu'on regardait avec raison comme la dernière volonté du grand artiste, que Pie IV destitua un Piero Ligorio pour s'être permis de s'en écarter.

Aussi, l'église de Saint-Pierre doit évidemment son existence à Michel-Ange ; et quoiqu'on l'ait prolongée par la suite en croix latine, le génie de Michel-Ange plane tout entier sur cette œuvre. C'est là le véritable tombeau que sa grande âme doit habiter, si elle vient jamais visiter la terre : c'est là le monument digne du grand artiste !

Malgré tant de gloire et tant de travaux, malgré une vie si remplie d'années d'épreuves et de triomphes, la vieillesse de Michel-Ange fut triste et désolée. Il survivait seul à son siècle. Bramante, San Gallo, Raphaël, tous ses compagnons, tous ses rivaux, tous ses ennemis étaient morts. Il avait vu s'élever et disparaître tant de princes, tant de rois, tant de papes ! Sombre et taciturne vieillard, il restait seul debout sur les débris de sa nation avilie, et (comble d'infortune) après avoir porté l'art au plus haut degré auquel un homme puisse atteindre. Il ne laissait après lui ni élèves, ni imitateurs, la seule postérité qu'ambitionne un artiste !

Dans ses heures de noire tristesse et d'inconsolable amertume, il secouait le poids des souvenirs en frappant à coups redoublés sur le marbre. Il ébauchait ainsi un dernier groupe qu'il destinait à son tombeau. C'était toujours son sujet favori, le Christ mort sur les genoux de sa Mère. La pierre volait en éclats sous le poignet encore ferme de l'indomptable vieillard. Une ligne de plus, et c'en eût été fait, le marbre aurait été brisé, le groupe perdu. L'artiste en eût été quitte pour le donner à un de ses garçons d'atelier.

Sobre pour lui, généreux pour les autres, il vivait souvent d'un morceau de pain ; il donnait des sommes énormes à ses neveux, à ses serviteurs, aux pauvres, surtout aux artistes. Apre au travail, ennemi du plaisir, sérieux, grave, austère, il aimait la solitude et fuyait les hommes ; ne transigeait jamais avec ses devoirs ; sévère envers les autres et plus encore envers lui-même ; haïssant la lâcheté et méprisant la sottise. Sa vie est irréprochable d'un bout à l'autre : c'est une vertu stoïque, un caractère lacédémonien, l'âme de Caton, le génie de Phidias.

Il s'éteignit doucement d'une fièvre lente, le 17 février 1563, âgé de quatre-vingt-huit ans onze mois et quinze jours.

Son testament fut dicté en peu de mots :

« Je laisse mon âme à Dieu, mon corps à la terre, mes biens à mes plus proches parents. »

Vasari nous a conservé son portrait :

— La tête ronde, le front carré et spacieux, les tempes saillantes, le nez écrasé (par le coup de poing de Torrigiani), les yeux plus petits que grands, d'un brun assez foncé et tacheté de points jaunes et bleus ; le sourcil peu garni, les lèvres minces, le menton bien proportionné, la barbe peu épaisse, et se partageant en deux touffes égales vers le milieu du menton.

Michel-Ange était d'une taille moyenne, avait les épaules larges, et le corps bien proportionné, un tempérament sec et nerveux. Il n'eut que deux maladies dans le cours de sa longue vie. Sa complexion était saine et robuste.

On ne lui connut qu'un seul amour, et c'était plutôt un amour platonique, une admiration respectueuse et tendre pour Vittoria Colonna, cette femme célèbre à tant de titres, et qui a laissé un beau nom dans l'histoire de la poésie italienne. Michel-Ange se reprochait amèrement de n'avoir pas osé lui baiser le front, au lieu de la main, la dernière fois qu'il la vit. Sa véritable passion était l'art.

Cet amour platonique inspira à Buonarroti plusieurs poésies dans le goût et dans le style de Pétrarque ; mais à travers cette limpide et transparente poésie, on sent percer je ne sais quoi de plus énergique et de plus arrêté : c'est la griffe du lion qui ne peut pas se cacher tout à fait.

L'affection la plus sérieuse de Michel-Ange est celle qu'il porta à son domestique Urbino. Malgré ses quatre-vingt-deux ans, il voulut le veiller tout le temps de sa dernière maladie, et passa plusieurs nuits à son chevet sans se déshabiller. Michel-Ange lui avait donné vingt mille francs pour qu'il n'eût pas à servir un autre maître.

Nous terminerons ce rapide essai sur la vie du grand homme par une lettre qu'il adressait à Vasari, après la mort de son pauvre Urbino. Ce peu de lignes feront connaître le cœur de Michel-Ange mieux que tout ce que nous pourrions ajouter : nous ne saurions trouver un plus simple et plus touchant modèle de rare sensibilité et de mélancolie profonde.

« Mon cher monsieur Giorgio,

» Je puis mal écrire ; cependant j'essaierai de répondre à votre lettre.

» Vous savez que mon Urbino est mort. Dieu, en me l'enlevant, m'a donné un grand enseignement ; mais c'est pour moi une perte immense, une douleur infinie : tant qu'il a vécu, la vie m'a été chère ; en mourant, il m'a appris à mourir ; et j'attends la mort, non pas avec crainte, mais avec désir, avec joie.

» Je l'ai gardé vingt-six ans, et je l'ai trouvé rare et fidèle ; et maintenant que je l'avais fait riche, et que j'espérais qu'il allait devenir le soutien et l'appui de ma vieillesse, je l'ai perdu. Il ne me reste d'autre espoir que de le revoir en Paradis.

» La mort heureuse qu'il vient de faire m'est une preuve éclatante que Dieu a écouté mes vœux. Mon pauvre Urbino n'a eu d'autres regrets en mourant que de me laisser dans ce monde de trahisons et de misère.

Quoique la plus grande partie de moi, il l'ait emportée avec lui, et que ma vie ne soit désormais qu'une immense douleur,

« Je me recommande à vous.

» MICHEL-ANGE BUONARROTI. »

Après cela, pourquoi irons-nous répéter les pompes vaines du cercueil, et l'ostentation vaniteuse des princes, et l'enthousiasme commandé des poètes, tout le bruit importun qu'on a fait sur la tombe des grands hommes? Mieux eût valu enterrer Michel-Ange au pied d'un autel, et lui laisser pour tout monument ce beau groupe *della Pietà* qu'il sculptait dans les derniers jours de sa vie!

Quel mausolée peut être digne d'un tel homme?

La postérité sait son histoire en trois mots, et peut l'apprécier. Dans un même jour et d'un triple regard, il a laissé dans trois arts différents les trois plus grands ouvrages qui existent : le Jugement, Moïse et la Coupole de Saint-Pierre!

Et maintenant nous pourrions bien, le

scalpel de la critique à la main, gravir les hauteurs qu'atteignit, il y a trois siècles, le terrible prédestiné. Nous pourrions, comme ces esclaves mêlés à la pompe triomphale des généraux et des empereurs romains, crier, voix à l'écho retentissant (car dans notre époque surtout tout injurieux écho retentit) : Michel-Ange, tu n'es qu'un homme ! Mais, à notre avis, ce serait une suprême profanation. Il y a dans le paradis de l'art deux demi-dieux que leur génie surhumain a fait si resplendissants, que leurs taches, semblables à celles du soleil, se perdent dans la fulgurante lumière : l'un est le vieux et terrible Michel-Ange, l'autre est le jeune et beau Raphaël.

TITIEN VECELLI.

Au nom seul de Titien, ce Rubens de l'Italie, ce peintre enthousiaste et passionné de la couleur et de la forme, mille idées de volupté, de plaisir et d'amour se réveillent dans les cœurs les plus froids, dans les imaginations les plus engourdies. Ce ne sont plus les hautes conceptions de Léonard, ni les vierges idéales de Raphaël, ni les formidables dessins de Michel-Ange.

Le temps des suaves rêveries, des aspirations célestes, des épouvantements bibliques est passé; nous sommes en pleine renaissance, en pleine orgie, au milieu de cette Venise ardente et sensuelle, et ivre comme une fille de joie. Ce sont des Vénus aux contours voluptueux, des Bacchantes aux poses lascives, de royales courtisanes à la beauté éclatante, aux dévorantes ardeurs ; ce sont de frais paysages remplis d'ombres et de mystères, des groupes d'enfants nus se jouant sur un sable d'or ou sur un gazon d'émeraudes ; ce sont des chœurs mélodieux et invisibles, chantant des hymnes tout empreints de la poésie d'Horace et de Tibulle ; ce sont de blondes chevelures ruisselant sur des reins d'albâtre ; c'est une exubérance de chairs bondissantes à donner le frisson aux anachorètes de la Thébaïde ; c'est la pourpre, c'est le sang, c'est la vie.

S'il est vrai, comme nous croyons l'avoir prouvé, que Michel-Ange est le Dante de la peinture italienne, Titien en est l'Arioste.

Nous n'étonnerons pas nos lecteurs, habitués qu'ils sont aux brusques revirements de la mode, en leur avouant, dès le début de cette notice, que le roi des coloristes vénitiens a été dans ces derniers temps en butte à toutes sortes d'injures de la part des Néo-Byzantins, s'il nous est permis de créer ce mot pour désigner cette classe de fanatiques qui sont dans l'art ce que les néo-catholiques sont dans l'ordre moral.

Il est de toute évidence que ceux qui n'apprécient dans le corps que le squelette, qui n'adorent que le gris dans la couleur, doivent préférer Giotto à Titien, et Cimabué à Giorgione. Grand bien leur fasse !

Quant à moi, je le confesse en toute humilité, quoique j'aie renoncé pour ma part et tout comme un autre, par la bouche de mon parrain, à la chair, à Satan et à ses pompes, je ne crois pas avoir contracté implicitement l'obligation de mettre à l'index les tableaux de Titien et de Rubens. Je pousserai plus loin la franchise, en proclamant tout haut ma prédilection pour les écoles vénitienne et flamande. Ce que l'on verra bien du reste dans les biographies qui vont suivre.

Titien Vecelli est né en 1477, dans la Piève, petit château situé sur la frontière de Friuli, chef-lieu des sept communes de Cador.

Ici l'historien Ridolfi, que j'ai entre autres sous les yeux, se lance à perte de vue dans une phrase interminable que je ne me sens pas l'haleine de poursuivre jusqu'au bout, pour prouver que la Piève est entourée de hautes montagnes, de vallées profondes, de torrents, de précipices dont je fais grâce au lecteur, comme aussi des dispositions naturelles et presque innées de l'enfant, des prodiges qui accompagnèrent sa venue au monde, de son horoscope enfin, que tout biographe un peu distingué se croyait alors en devoir de tirer pour l'homme dont il allait raconter la vie.

Titien a cela de commun avec Michel-Ange qu'il est né gentilhomme. Son père s'appelait Gregorio Vecelli; ses aïeux remontent, dit-on, au douzième siècle, et notre artiste eut le privilége de pouvoir se choisir un patron sans sortir de sa famille: saint Titien, évêque d'Oderzo, était un Vecelli.

On remarquera en passant que Titien est un nom de baptême: à ces causes il ne peut être précédé d'un article; dire *le Titien*, comme on en a généralement l'habitude, c'est commettre la même faute que si l'on disait *le Raphaël* ou *le Michel-Ange*. Ce n'est du reste qu'un péché véniel contre la grammaire; et comme l'usage à tout prendre excuse et justifie les coupables, notre absolution leur est acquise et octroyée d'avance.

Titien n'avait pas dix ans, que déjà, à en croire les biographes, il donnait des preuves non équivoques de son merveilleux génie. On sait avec quelle ardeur d'investigations et avec quel aplomb de certitude, les faiseurs de notices, ces prophètes après coup, recherchent dans l'enfance des grands hommes tout ce qui aurait pu faire deviner ce qu'ils seraient un jour.

Un détail très-curieux et qui sort un peu de la banalité de ces pronostics calqués les uns sur les autres, nous a été précieusement conservé.

Tous les gamins, ceux qui deviendront de grands peintres, comme ceux qui ne seront rien du tout, commencent par barbouiller, les uns à la craie, les autres au charbon. Ici se révèle déjà le prodigieux instinct de Titien pour la couleur. Dédaignant dès ses premières années le trait et le dessin, il s'en allait dans les jardins, dans les prés, le long des haies, cueillant les fleurs les plus belles et les plus éclatantes. Il les admirait, les comparait, s'enivrait de leur vue. La blancheur du lis, l'incarnat de la rose, la pourpre de l'œillet, les mille nuances de ces vivantes pierreries le plongeaient dans une muette extase. Le parfum n'était qu'un luxe, je dirai presqu'un défaut, pour cet étrange enfant qui devait être un jour le plus grand coloriste de son siècle.

Une fois en possession de cette immense et magique palette que la nature a semée dans les champs, le petit Titien n'avait plus besoin ni de crayon ni de plume pour esquisser ses figures. Il pressait tout bonnement le suc de ses plus belles fleurs, et la fresque était aussitôt conçue qu'exécutée. Les habitants de Cadore purent ainsi admirer long-temps une très-jolie tête de vierge que le jeune Vecelli avait peinte sur un chapiteau, par ce procédé aussi simple que charmant. On venait la voir de tous les côtés, et ce fut je ne sais quel envieux et brutal architecte qui fit jeter à bas la peinture, le chapiteau et la façade, sous prétexte qu'ils gênaient le passage.

Une autre particularité, qui a paru digne

de remarque aux admirateurs du grand peintre, c'est que l'homme qui passe pour lui avoir donné les premières leçons de son art est un certain Antoine Rossi qui n'est pas sans quelque valeur, et dont il reste à Cadore deux ou trois épreuves à la détrempe, entre autres une Vierge sur son trône entourée de petits anges qui ne manquent pas de correction et de grâce. Au bas de ce petit tableau, qu'on conserve religieusement dans l'oratoire de M. Zamberlani, on lit en toutes lettres l'inscription suivante: *Opus Antonii Rubei.* Or, je vous le demande, quelle bonne fortune pour les étymologistes qui ont foi dans la prédestination des noms propres! Titien, le précurseur de Rubens, a eu pour premier maître Antoine Rossi. En italien c'est exactement le même nom rendu immortel par le Michel-Ange néerlandais. Ne dirait-on pas que la Providence s'en est mêlée?

Mais laissons le côté merveilleux et poétique, pour aborder franchement l'histoire. Il est certain qu'après avoir reçu quelques conseils de Sébastien Zuccati, le jeune Titien fut envoyé par son père à Venise pour faire de sérieuses études sous la direction de Jean Bellini. Les deux frères Bellini, Jean et Gentile, liés par la plus tendre amitié quoique séparés d'atelier et d'affaires, avaient alors la réputation d'être les dessinateurs les plus corrects et les plus purs de l'école vénitienne, à laquelle, comme on sait, on a de tout temps reproché de pécher par le dessin. Jean se distinguait surtout par une ardeur de nouveauté et par des idées de progrès qui ne laissaient point d'étonner chez un homme foncièrement classique et dévot. Rien de plus commun que ces contrastes chez les fortes natures. D'un côté le génie les entraîne et les porte malgré elles vers tout ce qui est grand, vers tout ce qui est beau, vers tout ce qui est neuf; de l'autre les préjugés les retiennent, la règle les enchaîne, l'autorité les arrête. Le cœur bat, la tête raisonne. A quoi bon avoir des ailes au front quand on a du plomb aux pieds!

Comme il n'entre point dans notre plan d'écrire la biographie de Bellini, nous ne pouvons résister à l'envie de raconter une anecdote qui montre à quel point les élans de l'âme étaient en guerre ouverte avec les prescriptions de l'école chez ce peintre austère et compassé; d'ailleurs mieux on aura connu le maître, mieux on connaîtra l'élève.

On avait peint jusqu'alors à la détrempe. Tout à coup un bruit se répand sur la place Saint-Marc qu'il vient d'arriver à Venise un peintre sicilien nommé Antonello de Messine, et possesseur de secrets admirables pour préparer et broyer les couleurs. La nouvelle est colportée d'atelier en atelier, et n'y trouve que des incrédules ou des détracteurs. Gentile lui-même n'hésite pas à traiter le Sicilien d'aventurier et de charlatan. Mais son frère mieux avisé, au lieu de mêler sa voix à ce chœur de railleries et de reproches, dont on accable en général les novateurs, se prit à réfléchir profondément, et n'eut plus qu'une pensée, ce fut celle de s'emparer du secret, d'étudier le procédé d'Antonello.

Une fois son projet arrêté, rien ne lui coûta plus pour atteindre son but. L'ardeur de l'artiste l'emporta sur les scrupules du dévot. Il ne recula pas devant la ruse et le mensonge, et voici comment il s'y prit pour surprendre le secret de son rival.

Un jour Jean Bellini mit son plus riche pourpoint de satin, sa plus belle toque de velours, ses plus blanches plumes et son médaillon le plus artistement travaillé. Quant à l'air noble et dégagé, quant aux façons de gentilhomme et de cavalier, il n'eut rien à changer à sa manière d'être habituelle; car rien ne ressemble plus, pour l'élégance et pour la noblesse, aux beaux seigneurs vénitiens de cette merveilleuse époque que les peintres qui nous en ont laissé les portraits.

Ainsi déguisé, notre artiste se présente à l'atelier de son confrère, et le prie en grâce de faire au plus vite son portrait, pressé qu'il était de quitter Venise pour un assez long voyage. Quant au prix, le gentilhomme s'engagea d'avance à le laisser fixer par le peintre lui-même. Antonello, trompé par la bonne mine de l'inconnu, n'eut garde de laisser échapper une si belle occasion, et répondit à sa seigneurie que si elle daignait poser rien ne l'empêchait de commencer immédiatement son esquisse. Il s'y mit en effet, et en moins de deux heures les contours étaient

tracés. Antonello avança assez la tête pour
que le gentilhomme pût se reconnaître ; mais
ce qui paraissait étonner beaucoup l'inconnu
c'était le ton des chairs et une certaine *mor-
bidezza* de coloris dont on n'avait pas d'exemple jusqu'alors.

— Ah! ah! fit le Sicilien d'un air capable,
je sais ce qui occupe votre seigneurie ; ceci
tient à un procédé que j'ai inventé et dont
vos peintres vénitiens ne se doutent pas seulement.

Antonello se vantait évidemment. Il n'avait
pas inventé la peinture à l'huile. Il l'avait ap-
prise en Flandre chez Jean de Bruges.

— Et il y aurait de l'indiscrétion à vous
demander en quoi consiste ce nouveau procédé ? répondit le gentilhomme, qui ne perdait pas un mouvement de son confrère.

— Nullement. Voyez-vous ce flacon, monseigneur ?

— A merveille.

— Ce flacon contient une espèce d'élixir
très-coûteux, extrait par moi de certaines
herbes qu'on trouve dans les environs de

l'Etna. On verse quelques gouttes de cette liqueur dans une soucoupe. On trempe le pinceau dans la soucoupe, et l'on produit des tons qui ont toute l'apparence de la vie.

— C'est singulier, fit le gentilhomme de son air le plus naturel, j'aurais cru que votre élixir était tout bonnement de l'huile de lin.

Antonello rougit, et regarda fixement l'inconnu ; mais comme rien ne décelait ni dans la voix ni dans l'attitude de ce dernier qu'il attachât la moindre importance à sa découverte, le Sicilien s'étendit longuement sur les qualités et sur les vertus secrètes de son liquide, et sur les soins infinis qu'il fallait prendre pour l'extraire et pour l'employer. Bellini fit semblant d'être parfaitement convaincu et l'on parla d'autre chose.

Deux jours après, le portrait à l'huile était fini ; le gentilhomme le paya largement, et l'emporta : le tour était fait.

Il est possible que Jean Bellini ait passé le reste de sa vie à prier Dieu de lui pardonner son mensonge ; mais il avait appris la peinture à l'huile.

Ce fut à cette époque justement que Titien fut envoyé par son père chez Bellini. Le bouillant jeune homme ne pouvait tomber plus mal à propos. Dans son ardeur d'expiation et voulant sanctifier par l'usage un secret qu'il devait à la ruse, Bellini avait décidé de ne prendre que des sujets de dévotion et de pénitence. Jamais il ne s'était montré si sévère dans le choix et l'exécution de ses tableaux. C'étaient des moines d'une maigreur effrayante, des martyrs dans toutes les angoisses et les convulsions de leurs tortures, des vierges au front désolé, aux joues creuses, aux yeux remplis de larmes et de douleur. Sans doute on ne pouvait voir ces saintes images sans être ému de pitié, pénétré de repentir ; sans doute, Jean Bellini eut la gloire d'enrichir plus d'un couvent par les pieuses offrandes que venaient déposer les fidèles au pied de ses tableaux, de convertir plus d'un pêcheur endurci, par la contrition profonde, par l'humilité sincère et par l'édifiante charité que respiraient de leurs toiles ces sombres cénobites, ces belles et illustres pénitentes.

Mais songez quelle triste mine dut faire ce pauvre Titien, tout bouillonnant de jeunesse, de liberté et d'amour, lorsqu'il se vit claquemuré dans cet austère atelier au plafond gothique, aux noires parois, aux étroites ogives, entre deux filières de saints squelettes et de madones jaunies ! Autant eût valu l'enfermer dans un couvent, le jeter dans un cachot, le descendre tout vivant dans une tombe ! Aussi le pauvre garçon n'avait-il pas assez de regrets pour ses chères montagnes, pas assez de larmes pour ses belles vallées fleuries où il allait ramasser si joyeusement ses couleurs, pas assez de soupirs pour sa riante chambrette de la Piève, nid aérien d'où il contemplait tous les soirs au soleil couchant, avec les yeux d'un artiste déjà vieux et le cœur d'un amoureux de vingt ans, un immense et poétique horizon.

Effrayé de l'imagination brûlante et des tendances sensuelles de son élève, Jean Bellini le soumit à un régime plus sévère que les autres. Les vierges et les madeleines, quelle que fût la sécheresse de leurs contours, la roideur de leurs poses, lui furent absolument interdites. A peine si on lui permit les petits anges jouant du luth ou de la viole. Mais le saint Sébastien percé de flèches, le Job sur son fumier, le saint Antoine moins la tentation devinrent sa ration journalière. Encore une fois, pauvre Titien! lui qui ne rêvait que vénus et bacchantes, que soie et velours, que riches seigneurs et royales courtisanes; il fallut se résigner.

Nous avons de lui plusieurs tableaux qui appartiennent à cette époque. Un je ne sais quoi de vaporeux, de tendre, de charmant s'y fait jour malgré les ordres du maître. C'est d'abord l'ange Raphaël tenant par la main le petit Tobie, tel qu'on le voit encore dans l'église Sainte-Catherine à Venise; ce sont plusieurs portraits sur bois, suivant l'usage adopté communément alors; c'est une crèche, où il n'a pu se défendre de mettre un peu de sa grâce; c'est une Vierge assez maigre flanquée de saint Roch et de saint Sébastien, le tout à la détrempe, dont il fit don à la paroisse de sa commune, et grand nombre de peintures dans le même style et de la même manière dont le catalogue serait trop long et trop monotone.

Comme tous les maîtres qui font leur métier en conscience, Jean Bellini s'appliqua avec persévérance, avec zèle, avec obstination, à faucher dans cette riche et féconde nature, tout ce qu'elle avait de trop jeune, de trop vigoureux, de trop luxuriant. Il émonda soigneusement le jeune arbre qui lui avait été confié ; puis, voyant que cela lui réussissait à merveille, et quittant la serpette pour le rabot, il se mit en devoir de faire disparaître les aspérités et les nœuds de ce robuste et glorieux rejeton, dont il avait déjà coupé les branches et les fleurs. Il en avait fait un tronc, il voulait en faire une planche. Ce à quoi Titien s'opposa de toutes ses forces.

Sur ces entrefaites, il arriva un de ces événements desquels dépendent quelquefois, sans qu'on s'en doute, la destinée d'un homme et l'avenir d'un artiste. Bellini reçut dans sa boutique, au nombre de ses élèves les plus assidus, un jeune homme de Castel-Franco, on l'appelait Georges tout court.

C'était un grand et beau garçon, de haute taille, d'une noble tournure et d'une prestance herculéenne, un de ces hommes heureusement doués par la nature qui n'ont qu'à se montrer pour captiver de gré ou de force la sympathie de tous ceux qui les entourent. Brave, enjoué, spirituel, railleur, mais d'un cœur excellent, d'un caractère aimable, d'un courage à toute épreuve, il fut accueilli par ses camarades à bras et à cœur ouverts, comme un ange envoyé par le ciel pour faire diversion aux ennuis de l'atelier, à la monotonie claustrale de l'école de Bellini. Plus d'une fois le maître se repentit de n'avoir pas fermé sa porte à ce hardi tapageur. Mais, dominé par les nobles qualités de son élève, admirant, dans toute la candeur et la probité de son âme, le talent très-réel dont il donnait des preuves, attiré secrètement vers lui par le désir irrésistible qui le portait vers tous ceux qui se distinguaient dans l'art, Jean Bellini tolérait ses escapades, et fermait les yeux sur ses défauts, non sans les lui faire payer toutefois par de

longs sermons et de sévères réprimandes.
Georges courbait la tête en silence et prenait
un faux air de résignation, tant que l'orage
grondait ; mais dès qu'il apercevait du coin
de l'œil un rayon de soleil prêt à poindre sur
le front du maître, il relevait ses beaux cheveux noirs, fixait sur le terrible prédicateur
ses grands yeux étonnés, et d'un mot, d'un
sourire, d'un geste ramenait la gaieté dans
l'atelier. Les élèves l'avaient surnommé Giorgione, à cause de sa force, de sa bonne humeur et de l'ascendant qu'il avait pris sur eux
tous. La postérité a confirmé ce nom.

On devine qu'un tel homme devait devenir immédiatement l'ami, le compagnon, le
frère, le modèle de Titien. Comme tous les
cœurs jeunes et enthousiastes, il s'éprit d'une
admiration sans bornes, d'une vive amitié
pour Giorgione. On ne pouvait les voir l'un
sans l'autre. Si Giorgione choisissait un sujet,
Titien le copiait, l'imitait ou le reproduisait aussitôt. La manière franche et hardie de
son camarade, ses tons chauds et vigoureux,
ses contrastes habilement ménagés d'ombre
et de lumière, mais surtout la vivacité, la

grâce, la douceur de ses figures, la délicatesse, le moelleux, la transparence de son coloris, lui souriaient beaucoup plus que le dessin correct mais froid de Bellini. Ce fut toute une révélation impérieuse et soudaine pour le génie de Titien. Égaler, surpasser Giorgione, voilà son but, sa seule et légitime ambition.

Un jour que les deux amis se promenaient bras dessus, bras dessous, dans les rues de Venise, comme ils en avaient pris l'habitude, ils rencontrèrent des jeunes gens de leur connaissance, c'étaient des sculpteurs. La conversation tomba d'abord sur un cheval de bronze d'André Terrochio, c'était le succès du jour. Lorsque chacun eut émis son opinion, plus ou moins favorable, sur le nouvel ouvrage, on en vint à discuter lequel des deux arts, de la peinture ou de la sculpture, méritait la prééminence.

— La réponse me paraît bien simple, fit le plus jeune des nouveaux venus, et je ne sais vraiment s'il y a quelqu'un qui puisse en douter sérieusement.

— Et lequel des deux arts vous paraît donc le plus digne ? demanda Giorgione avec son air railleur.

— Parbleu ! la sculpture.

— Ah ! et pourquoi cela, mon maître ?

— Parce que c'est un art plus difficile, répondit le premier statuaire.

— Parce que c'est un art plus durable, ajouta le second.

— Parce que c'est un art plus complet, acheva le troisième.

— Messieurs, vous êtes en majorité, fit Titien en souriant, et vous abusez de votre foi, c'est-à-dire de votre nombre.

— Laisse-moi parler jusqu'au bout, s'écria Giorgione s'animant à la dispute et serrant le bras de son ami. — Un art plus complet, un art plus durable, un art plus difficile, comment l'entendez-vous, messieurs ?

— Sans doute, reprit le premier sculpteur ; pour manier le pinceau une femme suffirait au besoin, tandis que pour tailler la pierre, pour couler le bronze et pour ciseler le marbre il faut la main d'un homme.

— Un art plus durable, répéta le peintre en s'adressant à son second interlocuteur.

— Évidemment, mon cher Giorgione, la toile s'use, les murs se fendent, le bois tombe en poussière, tandis que le marbre, l'or ou le bronze défient le temps et l'éternité.

— Un art plus complet !

— Ceci n'a pas besoin de démonstration, ce me semble ! fit le troisième sculpteur. La sculpture ne peut rendre qu'un seul côté de la figure humaine, tandis que notre art à nous représente le corps en entier. Vous n'avez qu'à faire le tour de la statue, et vous ne perdez aucun aspect de l'objet reproduit.

— Vous dites donc, mes maîtres, répondit lentement Giorgione lorsqu'il les eut laissés achever, vous dites donc que la peinture est un art facile et vulgaire, à la portée des enfants et des femmes?

— Permettez, Giorgione.

— Je n'ai pas fini, s'écria le peintre en frappant la terre du pied. Vous dites que votre art doit l'emporter sur la peinture parce que le temps détruit plus vite les tableaux que les statues. Ainsi, mes maîtres, la poésie et la musique seraient à votre avis des arts souverainement méprisables, parce que la note se perd dans l'espace, parce que le vers confié à une simple feuille de papier s'anéantit en peu d'années, et vit précisément ce que vivent les feuilles ! Mais vous oubliez, messieurs, que l'imprimerie a été inventée pour reproduire, perpétuer le livre et la musique, et la gravure pour reproduire et éterniser le tableau.

— Mais !

— Silence ; vous prétendez enfin que la peinture est un art incomplet, parce qu'elle ne saurait rendre qu'un seul côté de l'image. Eh bien ! messieurs, que diriez-vous si d'un seul coup d'œil et sans vous obliger le moins du monde à faire le tour de mon tableau, comme vous êtes bien forcés de le faire pour votre statue, je vous montrais le dos, la face et les deux profils d'une figure ?

— Nous dirions, maître, que vous faites des miracles, ce qui est simplement absurde.

— Parions donc, s'écria Giorgione en rassurant du regard son ami Titien.

— Nous tenons le pari, répondirent d'une voix les trois sculpteurs.

— Eh bien ! messieurs, cent sequins si je réussis à vous peindre une figure ainsi que je viens de vous le dire ?

— De profil, de dos et de face ?

— Parfaitement !

— Va pour les cent sequins. Mais qui sera juge du pari ?

— Vous-mêmes, messieurs.

— Et combien de jours vous faudra-t-il pour achever ce tableau ?

— Quatre, messieurs : autant de jours que la figure humaine a de côtés.

— Mais c'est une folie, et c'est vraiment vous voler votre argent.

— Peut-être.

— Voyons, Titien, vous qui êtes le plus raisonnable, tâchez donc de faire comprendre à votre ami que cent sequins ne sont pas si vite gagnés; surtout au métier que vous faites dans l'atelier du bonhomme Bellini.

— Prenez garde, je dirais que vous avez reculé.

— Mais c'est de l'entêtement.

— Comme vous dites.

— Une fois, deux fois, trois fois, vous ne retirez pas votre pari ?

— Je le double.

— C'est dit. Dans quatre jours il nous faut ou les cent sequins ou le tableau merveilleux. Et les trois sculpteurs se séparèrent en riant des deux peintres et n'eurent rien de plus pressé que de remplir Venise de l'étrange défi que venait de leur porter Giorgione, et qu'ils n'avaient accepté que dans le but de le punir de sa folle présomption.

Dès que les jeunes gens se furent éloignés, Titien, comprenant que son ami venait de s'engager dans une entreprise impossible, plutôt dans l'intention de railler ses rivaux que dans l'espoir de réussir, lui offrit sa bourse et réclama une moitié du pari.

— Nous ne sommes pas bien riches, mon cher Giorgione, ajouta-t-il d'un ton affectueux, mais je prendrai sur mes nuits, et avec une douzaine de crucifix et d'*ecce homo* que je m'efforcerai de faire bien maigres et bien effrayants nous nous tirerons d'affaire. Que la volonté de Dieu et la tienne soient faites !

— Sois tranquille, mon pauvre ami, répondit Giorgione, je n'en veux pas à ta bourse, qui est bien plus dégarnie que la mienne, et je m'en voudrais toute ma vie de t'avoir forcé à peindre des christs et des madones malgré toi. C'est assez de sainteté pendant le jour, nos nuits sont à nous, à nos amours, à nos rêves.

— Que comptes-tu faire alors ?

— Et, pardieu ! je gagnerai le pari, et cet argent nous servira pour mener quelques jours de bonne et joyeuse vie dont nous avons grand besoin, ma foi ; car, au régime auquel nous soumet maître Bellini, nous deviendrions bientôt méconnaissables, et nos maîtresses se sauveraient de nous en faisant le signe de la croix.

— Et comment t'y prendras-tu, mon pauvre Georges, pour faire l'impossible ?

— Tu verras.

Voici en effet l'ingénieux moyen qu'employa le compagnon, le frère de Titien.

Il représenta un guerrier nu qui tournant le dos au spectateur se mirait dans une fontaine, laquelle reflétait ainsi dans ses eaux limpides le devant de la figure ; à gauche du guerrier était suspendue son armure polie et brillante dont il venait de se dépouiller et dans laquelle on voyait le côté gauche reproduit avec une fidélité et une exactitude irréprochables ; à la droite de son guerrier Giorgione avait placé un miroir qui montrait le côté droit et complétait ainsi par une invention aussi bizarre que neuve les quatre côtés du corps humain.

Tout Venise voulut voir et admirer ce curieux chef-d'œuvre, et les trois jeunes gens qui avaient provoqué le pari s'exécutèrent de bonne grâce, et furent les premiers à proclamer partout la supériorité incontestable de Giorgione.

Les deux amis, se voyant tout à coup maîtres d'une somme qu'ils n'avaient jamais espéré posséder, se hâtèrent d'en jouir ; et comme le plus cher de leurs vœux avait été de déserter pour quelques jours l'atelier de Bellini, ils disparurent sans donner de leurs nouvelles. Ce fut là ce qui les perdit, ou plutôt ce qui les sauva. Car c'est de ce moment que datent la réputation de Giorgione et l'heureux changement de manière et de style auquel Titien a dû sa gloire, Titien d'abord l'ami, l'imitateur, le disciple presque de Giorgione, et bientôt son émule, son rival, son vainqueur.

Jean Bellini n'était pas homme à pardonner à ses deux apprentis leur incroyable escapade. Aussi lorsque le dernier sequin eut été rejoindre les quatre-vingt-dix-neuf autres, et que les deux compagnons, se réveillant sans argent, sans travail, sans maîtresses, s'en retournèrent le visage contrit et l'oreille basse à l'atelier, furent-ils jetés à la porte sans rémission et sans miséricorde.

— Eh bien! tant pis! s'écria Giorgione, dont le caractère hautain passait brusquement de la prière à l'irritation ; puisqu'il ne veut pas nous recevoir, montrons-nous heureux de le quitter. Allons-nous-en à l'aventure, et si tu m'en crois, Titien, tu rendras grâce au ciel, comme moi, de nous avoir donné une bonne fois l'occasion d'envoyer au diable ce saint homme. Nous louerons une chambre sur le *Canalazzo*, et nous vivrons comme nous pourrons ; qu'en dis-tu ?

— Je dis, Giorgione, que je suis ton ami, ton frère, et que je te suivrai partout où il te plaira de me conduire, fût-ce même en paradis.

— Ainsi soit-il.

— J'ai deux bras qui ne savent guère rester croisés, et depuis que je t'ai vu travailler, Giorgione, j'ai compris ce que c'était que la véritable peinture ; tu verras, ton nouvel élève ne te fera pas trop rougir.

— Et je te réponds, Titien, que l'ouvrage ne nous manquera pas. Par exemple, il ne faudra pas au commencement faire trop les difficiles ; tu penses bien qu'on n'ira pas nous donner de suite des églises et des palais à décorer, et que les rois, les cardinaux, l'empereur et le pape ne se montreront pas très-pressés de poser devant deux garnements de notre espèce. Ma foi, je leur pardonne. A leur place j'en ferais autant, que veux-tu ! ils en seront quittes pour nous payer le double lorsqu'enfin la fantaisie leur prendra de se faire portraiter par maître Georges Barbarelli de Castel-Franco et maître Titien Vecelli de Cadore. En attendant...

— Oui, au fait, en attendant... C'est le plus pressé.

— Eh bien! nous peindrons des boîtes, des bahuts, des consoles, des dossiers de chaises, des bois de lits, des paravents, des enseignes, des boutiques, des façades, tout ce qu'on voudra enfin, pourvu qu'on nous paye, et qu'on ne nous demande pas d'anachorètes, c'est là l'important.

— Va pour les boîtes et pour les paravents ; mais, si tu veux bien le permettre, en attendant les reines, les princesses, les favorites qui ne peuvent manquer bientôt d'avoir recours à mes pinceaux, je commencerai par le portrait de ma maîtresse.

— Pourquoi pas de la mienne?

De telle sorte ou à peu près étaient les entretiens de Titien et de Giorgione, les deux plus grands artistes de l'école vénitienne à cette heureuse époque de leur vie.

C'était en effet le bon temps pour les artistes. Les Vénitiens étaient fous de peinture. Les portes, les tentures, les meubles, les moindres objets de toilette ou de luxe étaient surchargés de festons, de masques, de figurines à rendre jalouse l'antiquité. C'était une profusion d'ornements, d'emblèmes, de sujets mythologiques de la plus charmante fantaisie et du goût le plus pur ; une admiration passionnée et exclusive pour la beauté, pour la couleur et pour la forme. Sur la façade des maisons, des églises, des bâtiments publics, on jetait pour des milliers d'écus de chefs-d'œuvre dont le moindre fragment précieusement conservé fait aujourd'hui la gloire d'un palais ou la richesse d'une galerie.

Comme ils l'avaient espéré avec raison, l'ouvrage ne manqua pas aux deux amis. En peu de temps Titien sut s'approprier si bien la manière de Giorgione, que les plus savants connaisseurs n'auraient pu distinguer les tableaux de l'un de ceux de l'autre. Plusieurs tableaux sont attribués encore aujourd'hui indistinctement à Titien ou à Giorgione. Pas un seul nuage de jalousie ne vint à cette époque troubler leur douce et sereine amitié. L'ouvrage se vendait en commun, et les deux peintres se partageaient en frères le prix aussi bien que la gloire.

Ce fut à cette époque que Titien, âgé de trente ans environ, fit le portrait d'un gentilhomme de l'illustre maison Barbarigo, avec lequel il était lié. Il est prouvé que Vasari se trompe en affirmant que notre peintre n'avait que dix-huit ans lorsqu'il acheva ce chef-d'œuvre, car c'en était véritablement un, et le succès de vogue qu'il obtint parmi les artistes et les patriciens de Venise n'a pas d'égal dans les annales de l'art. On n'avait jamais vu une carnation plus vraie et plus vivante; le sang coulait sous l'épiderme; les cheveux se comptaient; on pouvait distinguer tous les points d'une étoffe de satin argentée. Cette fois non-seulement Titien avait égalé son ami Giorgione, mais il l'avait surpassé.

Ce fut là probablement le premier levain de discorde, qui, les camarades aidant, changea d'abord en froideur et presque en aversion par la suite la tendre amitié des deux peintres. Les commandes ne se bornèrent plus à la décoration de quelques meubles ou à quelques portraits d'amis. On commença à les charger de plusieurs fresques pour orner les portiques des maisons et les façades des palais.

Un incendie avait détruit, en 1504, le vaste entrepôt de marchandises appelé Fondaco de Tedeschi, et, comme en cette bienheureuse et regrettable époque rien ne restait étranger aux arts, lorsqu'il fallut reconstruire et décorer les nouveaux bâtiments, le doge Lorédan, dont Giorgione avait fait le portrait, voulant le récompenser en quelque sorte, lui fit accorder la façade qui donne sur le canal. Barbarigo, que Titien avait peint, en obtint autant pour son ami, et notre artiste fut chargé de l'autre côté de l'édifice qui donne sur le pont.

Les deux anciens élèves de Bellini rivalisèrent d'éclat, de coloris, de richesse dans ces fresques merveilleuses qui firent l'admiration des contemporains, et dont le temps ne nous a presque pas laissé de traces aujourd'hui. L'invention de Giorgione était plus savante et plus compliquée. C'étaient des trophées, des colonnes, des perspectives à perte de vue, des cavaliers armés de toutes armes, des esclaves nus et courbés dans des postures étranges; des géomètres, le compas à la main, mesurant gravement la mappemonde ; tout ce qui pouvait enfin donner une idée de son entente du clair-obscur et de l'anatomie humaine, de ses connaissances en architecture et de sa supériorité dans les accessoires et dans les détails. Mais Titien l'emporta par la grâce des figures, par la fierté des attitudes, et par le fini de sa fresque.

On admirait, dans la partie des peintures qui lui était échue, une femme nue d'une beauté admirable, d'une finesse de traits qui aurait pu sembler délicieuse même dans un tableau, d'un charme inouï; un adolescent aussi debout sur une corniche serrant dans ses bras un morceau d'étoffe en guise de voile, d'une grâce ravissante; et plusieurs autres figures remarquables par la délicatesse des carnations ou par l'arrangement des draperies.

Mais ce qui excita surtout l'enthousiasme, ce fut une Judith placée sur la porte d'entrée, posant son pied gauche sur la tête tranchée d'Holopherne, et tenant dans sa main droite un glaive encore rouge et fumant. Au lieu de la servante traditionnelle, Titien, comptant sans doute sur l'effet du contraste, avait fait suivre sa terrible veuve d'un esclave armé, d'une mâle et vigoureuse prestance. Rien de plus beau, de plus fini, de plus saisissant que ce groupe. Et cependant ce n'était qu'un coup d'essai pour Titien.

Tout le monde (excepté les intimes) ignorait que Titien fût l'auteur de la plus belle moitié de la fresque du *Fondaco*. L'ouvrage entier était signé par Giorgione. Or il arriva que lorsque les peintures furent découvertes, les amis de Giorgione le comblèrent de félicitations et d'éloges; mais tous tant qu'ils étaient s'accordaient à dire que, quoique l'œuvre entière fût digne de lui, cependant, dans la façade qui donnait sur le pont, Giorgione s'était surpassé, et qu'il n'y avait pas de comparaison possible entre ses géomètres et sa Judith!

Le coup fut mortel à l'âme déjà ulcérée de Giorgione, d'autant plus qu'il paraissait porté de bonne foi, et qu'il l'était peut-être; car Vasari lui-même s'y est trompé. La jalousie de l'artiste étouffa la tendresse de l'ami.

Giorgione s'enferma et refusa de voir Titien. Tous les efforts de ce dernier furent inutiles pour rentrer en grâce ou pour obtenir du moins un mot d'explication sur cette étrange rupture; et il dut se borner à regretter la perte d'un ami qu'il venait de blesser si cruellement et à son insu.

Malheureuse destinée que celle de Giorgione! il eut deux amis qu'il aimait par-dessus toutes choses, Titien et Morto da Feltre; mais par-dessus ses deux amis il aimait, de toutes les forces de sa vie, de toute l'ardeur de ses pensées, de toutes les facultés de son âme, deux choses, qui étaient son existence même : sa gloire et sa maîtresse. La première lui fut ravie par Titien, et le pauvre artiste tomba dans une mélancolie profonde; la seconde lui fut enlevée par Morto da Feltre, et l'amant délaissé en mourut de douleur.

Ne pouvant plus rester dans une ville où il venait de perdre ce qu'il avait de plus cher au monde, l'amitié de son frère, de son compagnon, de son maître, Titien préféra s'exiler. Le savoir à deux pas de lui et ne pas pouvoir lui parler, le serrer dans ses bras, se faire pardonner ses torts involontaires était un sacrifice au-dessus de ses forces. Le séjour de Venise sans Giorgione lui était insupportable.

Il partit d'abord pour Vicence, et nous le suivrons désormais dans sa longue et glorieuse carrière, affranchi de tout lien de servitude et de reconnaissance, et planant comme l'aigle seul et libre dans l'espace. Les magistrats de Vicence s'empressèrent de mettre à profit le passage de Titien dans leur ville. Ils le prièrent de décorer le salon d'audience de leur tribunal, lui laissant le choix du sujet. Titien leur fit sur-le-champ un Jugement de Salomon. Leçon on ne peut mieux appropriée à la circonstance, mais dont il est douteux que les juges vicentins aient tiré aucun profit.

Après Vicence, Titien voulut visiter Padoue. Or il est impossible de rester deux heures à Padoue sans que les Padouans vous demandent quelque chose pour leur patron saint Antoine. De l'argent si vous êtes riche, des prières si vous êtes pauvre, des priviléges si vous êtes roi, des vers si vous êtes poëte, des tableaux si vous êtes peintre. Titien se trouvait précisément dans l'une des conditions voulues. Quelle que fût l'aversion que Bellini lui eût inspirée pour les sujets sacrés, il fallut se résigner. Mais cette fois notre ardent coloriste s'en tira à sa satisfaction sinon à son honneur. Ses tableaux furent des compositions toutes profanes, où le saint n'entra que par force et parce que l'artiste ne pouvait se dispenser de l'y mettre.

La première de ses fresques représente une femme jeune et belle, au front pur, aux regards brillants, aux cheveux emprisonnés dans une rézille d'or et de perles. Tout, dans cette noble tête, respire la dignité, l'innocence, la candeur. Néanmoins son mari a osé la soupçonner d'une trahison. Mais le saint prenant parti pour la femme outragée, présente au père incrédule un charmant petit enfant, prodige de grâces et de mignardises, et dissipe dans le cœur du jaloux jusqu'à l'ombre du doute par un de ces mots de l'âme que l'accent de la probité, de la conviction, de la foi rend irrésistibles. Une joie enivrante éclate dans les yeux de la femme réhabilitée; le repentir et la tendresse gagnent le père, tandis que dans un coin du tableau les demoiselles de la ville chuchotent malicieusement et semblent dire que plus d'une femme de leur connaissance aurait besoin de l'intervention du saint en pareille circonstance, et ne la mériterait pas autant que leur maîtresse.

Le second sujet traité par Titien est d'un sentiment exquis et d'une poésie touchante. C'est un tout jeune homme qui ayant dans un accès d'aveugle fureur lancé un coup de pied à sa mère, et comprenant aussitôt l'impiété de son action, vient de se couper la jambe en expiation de son crime. Ce malheureux enfant baigné dans son sang expire de honte et de douleur au sein de sa pauvre mère désolée, qui préférerait mille fois d'être foulée aux pieds, pourvu qu'on lui rendit son fils. Le saint, touché de tant d'amour et de repentir, guérit le blessé et console la mère, au grand ébahissement d'un groupe de soldats et de gens du peuple qu'on voit rester muets de surprise et glacés d'épouvante en présence d'un si grand miracle.

La troisième et dernière fresque, peinte par notre artiste à la requête des Padouans et à l'intention de saint Antoine, n'est ni la moins hardie pour la conception, ni la moins heureuse pour la forme. Il s'agit aussi d'un jaloux ; mais cette fois, le terrible cavalier à l'armure de fer, au surcot blanc rayé de lames rouges, ne se contente pas de douter, il a poignardé sa femme. Heureusement le saint s'est chargé de réparer la brutale et inique vengeance du bourreau, dont les yeux s'étaient dessillés trop tard à la vue du sang de sa victime. L'épouse est ressuscitée ; et la confusion, la joie, la reconnaissance contrastent de la manière la plus énergique sur les traits bronzés du meurtrier. Je ne parle pas d'un très-beau paysage qui encadre et complète cette magnifique peinture. On sait que Titien a été un des inventeurs et des plus grands maîtres de paysage historique.

Les trois fresques que je viens de décrire, précieusement conservées dans l'école de Saint-Antoine à Padoue, ont été copiées par Varotari, Boschini et par le chevalier d'Arpino. Ridolfi, Ticozzi et les autres biographes et appréciateurs du grand peintre ne tarissent pas en éloges, et le premier n'hésite pas à affirmer que par ces travaux Titien fit oublier le nom de tous les artistes qui avaient peint avant lui à Padoue.

On devine facilement que le succès des trois miracles de saint Antoine dut valoir à Titien d'autres commandes dans le même genre. A son grand désespoir il fut donc chargé d'un nouveau tableau d'église, et pour comble de malheur le sujet en était tellement circonscrit et les dimensions si étroites que le pauvre peintre ne put trouver aucun biais pour échapper à ce qu'il regardait comme une véritable persécution. Tout ce qu'il put faire fut de glisser dans le tableau les portraits de ses amis au lieu et place de saint Sébastien, de saint Roch, de saint Côme et de saint Damien, mince consolation comme on voit.

Ce fut probablement vers la même époque et sous l'empire de ces tristes pensées que, ne pouvant nullement se soustraire à la peinture religieuse, à laquelle il avait cru dire un éternel adieu en quittant l'atelier de Bellini, il voulut s'en donner à cœur joie. Par une brusque réaction que l'on ne peut attribuer qu'au désespoir, les murs de la petite chambre qu'il habitait à Padoue, le plafond, les meubles furent en un instant barbouillés de saints, de patriarches, de prophètes, de sibylles, d'apôtres, d'innocents, de martyrs ; un paradis complet, auquel rien ne manquait que la bonne intention de l'artiste. Ce fut là, à en croire Ridolfi, l'origine de la belle gravure du Triomphe du Christ publiée par Titien en 1508, et dont Vasari parle avec éloges.

Revenu à Venise en 1511, après la mort de Giorgione, il fut chargé de terminer dans la salle du conseil une fresque laissée inachevée ; les uns disent par Bellini, les autres par le malheureux Giorgione lui-même. C'est le moment où l'empereur Frédéric Ier baise les pieds d'Alexandre III dans l'église de Saint-Marc. Titien changea la composition presque en entier et sous les costumes et l'action historique représenta les traits de ses amis ou d'illustres contemporains, comme il en avait l'habitude. On remarqua, dit-on, parmi les personnages qui formaient la suite du pape,

Pierre Bembo, Jacques Sanazzaro, Ludovic Arioste, André Navagero, Augustin Bevazzano, Gaspard Contarini, Marco Musuro, frère Giocondo, Antonio Trono, Domenico Trivisano, Paolo Cappello, Marco Grimani, enfin toute une cour de gentilshommes, d'artistes, de cardinaux, de poètes ; on voyait à côté de l'empereur don Gonzalès Fernandez de Cordoue, le grand capitaine ; le comte de San Severino, Bartholomeo Liviani, et grand nombre d'illustres guerriers dont les portraits copiés d'après nature par un homme tel que Titien donneraient un prix inestimable à cette fresque, si elle n'avait malheureusement péri dans l'incendie de 1577.

Cet ouvrage valut à son auteur une place d'environ trois cents écus, espèce de sinécure, sous le titre de *senseria di Fondaco di Tedeschi*, que le doge accordait au meilleur peintre de la ville, à la charge pour l'artiste de faire le portrait du susdit doge ou de ses successeurs, portraits qui lui étaient payés du reste huit écus, prix coûtant.

On voit qu'il n'y avait pas jusqu'alors de quoi mener cette existence voluptueuse et

brillante qui avait été le rêve de Titien. Mais
patience ! Après les cardinaux et les doges,
les princes et les empereurs, vont venir et
les rêves se changeront en réalité.

Vers la fin de l'année 1514, et lorsque
notre artiste s'y attendait le moins, don
Alphonse d'Este, duc régnant de Ferrare, le
fit appeler à sa cour. Titien s'y rendit aussitôt
le cœur rempli d'heureux pressentiments :
car à cette époque la cour de Ferrare passait
pour la plus brillante et la plus magnifique
d'Italie, et il n'y avait pas de grand poète, pas
d'artiste célèbre, pas d'illustre savant qui
n'y fût admis et honoré suivant ses mérites.

Dès que le duc eut appris l'arrivée du
peintre vénitien, il alla au-devant de lui, et
lui fit avec beaucoup de grâce les honneurs
de sa royale hospitalité.

Titien pouvait avoir alors environ trente-
sept ans. Le caractère de cette noble et belle
tête dont lui-même nous a conservé le type
dans de nombreux et saisissants portraits,
était donc alors nettement arrêté. Sa taille
haute et fière, son front élevé, ses grands
yeux pleins de mouvement et d'ardeur, son

profil droit et sévère, sa longue barbe, longue et bouclée naturellement ; tout l'ensemble de cette belle et imposante figure captivait la sympathie et inspirait le respect. Ses manières étaient d'une rare distinction, sa conversation vive et attachante, son sourire affectueux et plein de charmes. Quoique pauvre il était vêtu avec recherche, et pas un gentilhomme de la cour d'Alphonse n'aurait trouvé rien à reprendre dans l'élégance et dans le goût de son costume.

Le prince devina du premier coup d'œil ce qu'il avait à faire, et voulant traiter son hôte plutôt en gentilhomme qu'en artiste :

— Seigneur Titien, lui dit-il, veuillez considérer cette maison comme la vôtre et y vivre en votre pleine et entière liberté. Le plus doux de nos désirs, le plus sincère de nos souhaits, c'est qu'elle vous soit assez agréable pour que vous ne songiez pas à nous quitter de sitôt. Nous veillerons à ce que le séjour de Ferrare ne vous fasse pas trop regretter votre belle Venise. Songez que dans notre cour le plaisir passe avant les affaires. Si cependant dans vos heures de loisir vous veniez à reprendre vos pinceaux, nous savons trop ce que votre réputation et votre talent nous imposent pour nous souvenir en temps et lieu que le gentilhomme qui a bien voulu honorer notre cour de sa présence est le premier peintre de Venise.

— Hélas ! monseigneur, répondit Titien avec une modestie qui n'avait rien d'hypocrite, mon nom est encore bien obscur, et je n'ai pu donner que des preuves assez faibles de ce que Votre Altesse veut bien appeler mon talent, pour mériter une pareille réception.

— Vous ne nous ferez pas le tort, j'espère, de supposer que nous ignorons les chefs-d'œuvre dont vous avez enrichi les églises de Padoue et de Venise.

— Quoi ! monseigneur, vous auriez vu ces tableaux ?

— Et la plupart de ceux que vous avez faits dans l'atelier de Bellini.

— Vous n'avez donc vu de moi que des saints, des sujets religieux, des tableaux d'église ? demanda Titien avec un véritable dé-

courageusement et sans cesse poursuivi par les spectres ascétiques qu'il avait en horreur.

— Alors vous savez ce que nous attendons de vous?

— Hélas! je m'en doute, répondit lentement Titien, Votre Altesse m'ordonne de décorer son oratoire ou d'achever quelque fresque pour la cathédrale.

— Si telle est votre volonté, je m'y soumets d'avance : tout ce qui sort de votre pinceau m'est également précieux. Cependant je vous avoue, sauf votre avis, seigneur Titien, que je préférerais des sujets moins sévères, quelque caprice, quelque fantaisie où vous puissiez employer largement les trésors de votre imagination.

— Dites-vous vrai, monseigneur? s'écria Titien ne pouvant contenir sa joie.

— Par exemple vous conviendrait-il de terminer ou plutôt de recommencer ces deux bacchantes que vous voyez à peine esquissées dans ce boudoir?

— Oh! tout de suite, monseigneur!

— Pardon, maître, vous oubliez nos conventions : les affaires après le plaisir.

— Mais vous ne savez pas, monseigneur, s'écria le peintre avec un accent profond de reconnaissance, vous ne savez pas quel bien vous me faites en me laissant enfin libre de jeter sur les murs, sur le bois, sur la toile, tout ce qui me viendra à la pensée. J'ai trente-huit ans bientôt, je peins depuis que j'ai l'usage de ma raison; eh bien! jusqu'à présent on ne m'a commandé que des ouvrages contraires à mes goûts, à mes idées, à ma nature. Tenez, monseigneur, je suis aussi bon chrétien qu'un autre, et j'espère à la fin de mes jours avoir fourni mon contingent aux églises aussi bien que peintre d'Italie; mais en vérité plus d'une fois en me voyant subir des sujets que je vénérais sans doute, mais qui ne m'offraient pas un champ assez vaste pour y déployer tout ce que je me sens dans l'âme de poésie et d'ardeur, je crois, Dieu me pardonne! que j'y ai apporté moins de dévotion et de zèle que je ne l'eusse fait si on m'avait laissé suivre l'inspiration du moment.

— Eh bien, puisque vous êtes si pressé de vous mettre à l'œuvre, je ne pousserai pas l'abnégation jusqu'au point de vous en empêcher, et dès demain, si vous le désirez, vous pourrez commencer vos dessins ?

— Oh! je m'en passerai, monseigneur, ma tête est trop pleine et ma main trop impatiente : quelques traits me suffiront ; je brûle de montrer à Votre Altesse que si ses bontés ont devancé mes services je n'en ai pas moins, par mon empressement à la servir, fait tout mon possible pour mériter ses bontés.

En effet, dès le lendemain de sa réception à la cour, Titien se mit à l'ouvrage. Pour montrer de prime abord combien il était supérieur à son maître, il termina un tableau que Bellini avait laissé inachevé, il adoucit les contours, donna plus de grâce et de souplesse aux draperies et entoura la maigre composition d'un délicieux paysage qui changea tellement le tableau primitif que le duc ne put pas le reconnaître.

Puis, quand il eut ainsi en quelque sorte essayé ses forces et tâté son génie, il prit tout son essor, et, se livrant aux caprices de son imagination et aux chers souvenirs de la poésie mythologique, il fit trois tableaux, trois véritables chefs-d'œuvre, de grandeur égale à celui de son maître, et représentant, les deux premiers, le triomphe de Bacchus, et le dernier celui des Amours.

Il faudrait le style d'Arioste pour donner une idée de ces trois prodiges d'invention, de beauté et de grâce. Jamais Titien lui-même n'a atteint à une pareille perfection. Le Dominiquin, Poussin, l'Albane en ont étudié et copié les plus beaux groupes; et lorsque le cardinal Ludovisi, qui avait traité de deux de ces tableaux, en fit hommage au roi d'Espagne, Boschini raconte que le grand Dominiquin, se trouvant présent à l'emballage, ne put retenir ses larmes.

On voyait dans le premier tableau le vainqueur de l'Inde au moment de s'élancer de son char attelé de deux panthères symboliques, à la vue de la belle Ariane abandonnée par Thésée; frappé par les charmes célestes que la douleur embellit, le dieu laisse tomber ses pampres et son thyrse, et pâle, haletant, éperdu, les yeux brûlants de volupté et de désirs, les bras tendus, les lèvres frémissantes, il se jette aux pieds de la belle délaissée, et lui jure par les eaux du

Styx, serment que Jupiter lui-même ne saurait enfreindre, que si elle veut se laisser adorer par son divin consolateur, chacune de ses larmes sera changée en une étoile éblouissante. A côté du char de Bacchus, et non sans une légère hésitation dans les jambes, se tenait Pampinus son petit satyre favori, au front plein de pudeur juvénile, aux joues colorées comme la fraise mûre, aux dents de perle, aux lèvres de grenade. L'enfant tirait par la corde le veau dévoué aux sacrifices en mémoire de Penthée déchiré par les bacchantes. Venaient ensuite, dans les mouvements les plus voluptueux, dans les danses les plus effrénées, dans les poses les plus lascives, les ministres du dieu, hommes et femmes, nus, plongés dans une complète ivresse; les uns se disséminant follement pour se débarrasser des couleuvres dont ils étaient enlacés, les autres agitant au-dessus de leur tête des sistres et des cymbales avec une rage et des clameurs étourdissantes. Silène fermait le convoi, couronné de pampres et de raisins mûrs, roulant son ventre aussi rond et aussi plein qu'un tonneau, traînant avec effort ses vieilles jambes avinées et calé des deux côtés par deux esclaves plus ivres et plus chancelants que lui, qui loin de lui prêter secours imprimaient d'étranges soubresauts à sa marche oblique et lui faisaient décrire les zigzags les plus hétéroclites et les plus réjouissants. Aux dernières lignes de l'horizon, on voyait le navire de l'infidèle déployer ses voiles au vent; et tout au loin dans le ciel brillait d'un pur éclat la nouvelle constellation d'Ariane.

Le second tableau se composait également d'un grand nombre de suivants de Bacchus, les uns couchés, les autres assis sur les bords d'un ruisseau de vin du plus beau vermeil, ruisseau qui prenait sa source au sein d'une colline au sommet de laquelle un joyeux satyre pressait un grand tas de raisins, et alimentait sans cesse ce torrent de rubis qui en découlait. Rien de plus gracieux, de plus riant, de plus pur que ces jeunes échansons offrant dans des coupes d'opale le nectar de la treille à leurs fraîches compagnes; rien de plus frappant de vérité et d'énergie que ces buveurs toujours altérés se vautrant dans des flots de falerne ; rien de plus voluptueux, de plus lubrique, que ces jeunes femmes échevelées, tourbillonnant dans des danses folles ou tombant épuisées sur le gazon, la gorge et les jambes nues, les tresses roulées en spirale d'or, les yeux noyés d'ivresse et d'amour ! On dit que dans une de ces prêtresses de la luxure antique l'artiste a peint une femme qu'il a beaucoup aimée, et qu'on peut reconnaître à un petit bouquet de violettes qui s'épanouit sur son sein, et à un petit carton passé dans sa ceinture, sur lequel est écrit en lettres microscopiques le nom de Titien.

Enfin, dans le dernier chef-d'œuvre destiné à orner le précieux boudoir du duc Alphonse, notre peintre laissa un libre cours à sa fantaisie, et créa une scène ravissante, un de ces délicieux petits poèmes tout empreints du génie de la Grèce qu'Anacréon lui-même eût enviés. Le tableau représentait un gazon d'un vert d'émeraude coupé par de larges bandes de fleurs des couleurs les plus vivaces et les plus éclatantes ; de jeunes arbres au tronc élancé, aux branches touffues, aux fruits d'or et de pourpre entouraient ce

pré merveilleux et paraissaient le défendre
des rayons du soleil et des regards des profanes ; sur ces arbres, sur cette herbe, sur ces
fleurs, le peintre vénitien lâcha un essaim
d'Amours, sa volière d'oiseaux gazouilleurs,
sa pléiade de petits enfants joufflus et mutins
qui depuis ont servi de modèles aux bam-
bins de l'Albane et aux séraphins de Zam-
pieri. Il est impossible de rêver des motifs
plus variés, plus gracieux, plus charmants.
Les uns cueillent des fruits et les jettent à
leurs petits camarades qui les reçoivent dans
des corbeilles de jonc fraîchement tressées.
Les autres, les deux mains et les deux pieds
accrochés à la branche, se balancent dans l'air
et se bercent dans un hamac de feuilles.
Celui-ci tend son arc et paraît prêt à déco-
cher la flèche à son voisin, qui se pose car-
rément avec une crânerie bouffonne et lui
présente sa blanche poitrine. Deux autres
essaient à qui sait mieux donner ou recevoir
des baisers. Ceux-là sont occupés à tourmenter un pauvre lièvre qui n'avait pas cru commettre un si grand crime en broutant quelques feuilles oubliées. Cinq ou six des plus

tapageurs de la bande dansent en rond avec une gaieté et un entrain au-dessus de leur âge. Et dans tout cela rien de maniéré, rien de ce que nous appelons spirituel et qui a fait plus tard la gloire de Watteau. C'est large et beau comme une idylle de Théocrite ; c'est simple et grand comme une églogue de Virgile ; c'est la nature même prise sur le fait.

Nous n'essaierons pas de peindre le ravissement d'Alphonse d'Este quand il se vit possesseur de ces merveilleuses peintures. Eût-il ajouté à ses États un tiers de l'Italie, il n'eût pas été plus content. Dès ce moment Titien fut son peintre favori ; il le combla de caresses, de présents, d'honneurs ; il le pria de faire son portrait ; lui donna autant de séances que le peintre exigea, adopta avec docilité le costume et la pose préférés par Titien, et l'œuvre achevée, le remercia largement, sans se croire pour cela libéré avec le grand artiste ; car, ajoutait le duc dans l'expansion de son âme, la moitié de mes terres ne suffirait pas à payer un si beau travail. Toutes les fois que Titien parlait de retourner à Venise, c'étaient des prières, des bouderies, des brouilles sans fin. Le prince ne pouvait faire un pas sans lui. Plus tard, quand il fallut enfin accéder à sa demande, Alphonse lui-même l'accompagna, lui fit de fréquentes visites, et, faveur inouïe, le reçut dans son Bucentaure, où n'avaient le droit de s'asseoir que les membres de la famille ducale, pour le ramener à Ferrare.

Ce fut à la cour d'Alphonse que Titien connut l'Arioste et se lia avec lui de la plus sincère et plus durable affection. Que de fois ces deux hommes, si bien faits pour se comprendre, se communiquaient leurs idées et rivalisaient, l'un par l'éclat du style, l'autre par la magie du coloris, à rendre la même image ! Titien fit le portrait de l'auteur de *Furioso*, qui le lui rendit bien en lui consacrant deux ou trois vers dans son poème immortel.

Un jour, comme cela arrivait souvent à la table du prince, vers la fin du repas, on parlait peinture, et un courtisan, tout frais débarqué d'un voyage qu'il venait de faire en Flandre et en Hollande, mit en avant le nom d'Albrecht Durer. Les avis se partagèrent, les uns rendirent justice à l'artiste nurembergeois dont la réputation était déjà grande en Italie, surtout pour les gravures que Raphaël lui-même tenait constamment exposées dans son atelier; les autres, soit par amour-propre national, soit pour flatter le duc, qui ne comprenait pas qu'il pût y avoir au monde un autre peintre que Titien, crurent devoir faire aux éloges du voyageur beaucoup de restrictions. Les critiques ne manquèrent pas. On reprochait au graveur allemand la dureté, la roideur de ses contours, une recherche trop minutieuse des détails qui le faisait tomber dans le sec et dans le maniéré.

Titien prit hautement le parti d'Albrecht, et le défendit avec une éloquence, une vivacité, une chaleur qu'il n'eût pas employées pour son propre frère.

— Prenez garde, messieurs, il est plus facile de critiquer Durer que de l'imiter, et je connais peu d'artistes capables d'achever une tête comme ce diable d'Allemand, que dis-je! une tête, un cheveu, un cil, un pli de manteau, c'est d'un fini miraculeux, d'une exactitude inouïe, d'une perfection désespérante.

— Je suis bien aise, seigneur Titien, s'écria le gentilhomme qui avait soulevé la discussion, d'avoir en vous un auxiliaire si digne et si compétent.

Titien s'inclina.

— Albrecht Durer! poursuivit le courtisan enhardi par le silence des convives, l'inventeur de l'eau-forte, la gloire de l'Allemagne! Demandez à André del Sarto s'il s'en est bien trouvé, de copier quelques-unes de ses gravures. Je vous assure, messieurs, que dans tous les pays que j'ai visités, le plus petit tableau signé Durer, la plus mince estampe portant le nom du grand orfèvre de Nuremberg se vendait son pesant d'or. Mais vous, mon maître, dit-il en se retournant vers Titien, vous dont le jugement a tant de poids et dont la parole a tant de puissance, dites donc à ces messieurs qu'il n'est pas seulement difficile mais impossible pour nos artistes d'Italie quels qu'ils soient, fût-ce Titien lui-même, de surpasser Durer dans son genre?

Une immense exclamation de surprise éclata dans tous les coins de la table. Titien sourit, et, après avoir apaisé de la main le tumulte qui avait éclaté en sa faveur, répondit au gentilhomme avec modestie et avec franchise à la fois :

— Je n'irai pas si loin, messieurs ; je crois que rien n'est impossible à l'homme doué de volonté et de patience.

— Aussi, maître, demanda le duc, qui jusqu'alors avait gardé le silence, vous vous sentez de force à imiter la manière de cet inimitable artiste ?

— J'essaierai du moins. Et si Votre Altesse a quelque pan de mur ou quelque battant de porte à me donner, je tâcherai d'y peindre un christ dont j'ai déjà l'idée depuis quelques jours dans la tête, et je m'efforcerai de mon mieux d'atteindre l'exactitude et le fini des maîtres allemands.

— Je croyais, dit Alphonse, que les sujets religieux n'étaient pas ce que vous préfériez dans votre art ?

— Pardon, monseigneur, répondit vivement Titien, quand j'y étais forcé, c'est vrai ; mais depuis que Votre Altesse m'a rendu généreusement à ma liberté j'ai hâte d'en faire bon usage, et, à dater de ce moment, je vous promets que les églises et les couvents auront autant de mes tableaux que les villas et les palais. Je vous avouerai même, monseigneur, que dans mes dernières bacchanales j'ai laissé un peu trop courir ma main au gré de la fantaisie, et que je ne serais pas fâché d'en faire un peu pénitence.

— A ce compte, messire Ludovic, fit le prince en s'adressant à l'Arioste, nous aurons bientôt de vous quelque trilogie biblique, en expiation de votre très-profane et très-licencieux *Orlando*.

— J'attendrai pour me convertir, dit en riant l'Arioste, que le cardinal Bembo m'en donne l'exemple. Son Éminence vient de publier son *Canzoniere* en l'honneur de sa maîtresse, et elle n'a pas encore songé, que je sache, à traduire en vers les Psaumes de David.

— Allons, vous êtes le plus incorrigible païen que je connaisse.

— Après vous, monseigneur.

— On se leva de table au milieu d'un feu roulant d'épigrammes qu'échangeaient entre eux les écrivains, les philosophes et les beaux esprits de la cour d'Alphonse, et dix minutes après personne ne songeait plus à Albrecht Durer, à ses ouvrages et aux débats qu'ils avaient soulevés.

Mais Titien s'en souvenait, lui ! Le lendemain, dès que le jour fut assez clair pour qu'il pût distinguer ses couleurs, il s'enferma dans une chambre, et ne trouvant pas une place vide, tant la peinture était prodiguée au palais d'Alphonse, il esquissa sur la porte d'une armoire ce fameux christ de la Monnaie, transporté depuis dans la galerie de Dresde, et en peu de semaines il le finit, avec tant de patience, avec tant de travail, avec tant d'amour, que l'ambassadeur impérial qui se trouvait alors à Ferrare, protecteur-né et partisan enthousiaste d'Albrecht Durer, avoua lui-même que jamais le peintre allemand n'avait rien créé de si parfait; que Lanzi, dans son Histoire, s'est complétement rangé de l'avis de l'ambassadeur, en proclamant que rien n'était à la fois plus minutieux comme détail et plus saisissant comme effet ; que Vasari enfin, lequel n'est certes pas un des plus chauds admirateurs de notre artiste, ne peut s'empêcher d'appeler son Christ une œuvre merveilleuse et étonnante. *Maravigliosa e stupenda*.

Mais un évènement des plus singuliers qui soient arrivés à Titien dans sa vie si longue et si pleine, l'attendait à la cour d'Alphonse. Les biographes le rapportent en quelques lignes; mais nous n'avons pu résister à la tentation de nous y arrêter un peu plus longuement, et de le mettre en scène pour ainsi dire; car il donne en même temps une idée des mœurs de l'époque, et de l'immense faveur dont jouissait notre artiste.

Titien, nous l'avons dit, était lié avec les plus grands seigneurs, avec les plus belles dames de Ferrare. Il rivalisait avec les uns d'éclat, de luxe, d'opulence; il obtenait auprès des autres les succès les plus brillants et les plus enviés. Brave, généreux, passionné, il y avait bien de quoi faire tourner la tête aux trois quarts des femmes. Si le dernier quart résistait, eh bien! Titien n'avait qu'à montrer d'une main ses chevalets, de l'autre ses pinceaux, quelle est la femme qui, dans un siècle si épris d'art, si enthousiaste de la forme, si fou de poésie, eût renoncé à l'espoir, à la certitude d'être éternellement belle, éternellement désirée, éternellement adorée dans une toile de Titien !

Aussi, comptez les doges, les guerriers, les papes, les empereurs, les poètes, les princes, les cardinaux, les savants qui ont mendié un portrait du grand artiste; comptez les femmes qui se sont estimées heureuses de poser devant lui, depuis la maîtresse de monseigneur de la Casa, un cardinal, jusqu'à la femme du sultan Soleyman; depuis Marcella, descendante des anciens Marcellus, jusqu'à Irène de Spilemberghi, son élève en peinture !

Cet engouement était si universel, ce délire si grand, que la jalousie se taisait devant Titien, et les amants eux-mêmes le suppliaient de vouloir bien peindre leurs maîtresses, heureux s'il pouvait les choisir pour modèle d'une de ses vénus ou d'une de ses bacchantes. Avoir de la main de Titien le portrait de la femme qu'on aime, mais c'était la posséder deux fois, comme le disait en très-beaux vers un poète du temps.

Un jour donc le duc Alphonse crut avoir assez comblé son favori pour qu'il pût lui demander une grâce à son tour. Il le pria de faire le portrait en pied de *Dona Laura Eustachio d'Este*, duchesse régnante de Ferrare.

— Écoutez-moi, mon cher Titien, lui dit le duc avec le ton de la plus affectueuse intimité, vous savez, parce que tout se sait à la cour, que c'est la beauté prodigieuse de ma femme qui m'a porté à l'épouser. C'est vous dire assez clairement, je crois, que mon plus grand désir au monde serait de la voir, grâce à vos pinceaux, hors des atteintes du temps. Maintenant le manteau ducal de la princesse tombera-t-il devant vous, comme la robe de la jeune fille est tombée devant moi, et obtiendrez-vous de ma femme ce que j'ai obtenu de ma favorite? Je ne sais, ceci vous regarde. Mais retenez bien, maître, qu'il me serait doux de posséder cette beauté céleste, qui a tant d'empire sur moi, reflétée comme dans un miroir fidèle, sans voiles, sans draperies, dans un de vos ravissants tableaux, pour pouvoir ainsi en jouir doublement pendant ma vie; et pour que ceux qui la verront après ma mort, telle que je l'ai vue, telle que je l'ai adorée, puissent dire en l'admirant : Puisque cette femme était si belle, il n'a pas eu tort de l'épouser.

— Monseigneur, répondit Titien d'une voix ferme, quoique l'artiste ne voie qu'un modèle dans la femme qui pose devant lui, fût-elle une reine, cependant, je l'avouerai à Votre Altesse, j'ai vu si peu de fois madame la duchesse depuis que j'ai l'honneur d'être à sa cour, et le peu de fois que je l'ai vue elle m'a paru si pleine de dignité et de froideur à mon égard, que je n'oserais jamais me permettre, même d'après vos ordres, de lui indiquer quel costume ou quelle attitude siérait le mieux à sa beauté; mais il me semble qu'un mot de Votre Altesse suffirait.

— Bien loin de là, mon cher Titien, interrompit le duc, tu ne connais pas les femmes, il suffit que leur mari veuille une chose pour qu'elles désirent tout à fait le contraire. Combien d'objections, combien de remontrances, combien de reproches il me faudrait endurer! elle me soutiendrait que je ne la respecte pas, que je ne l'aime plus, que je n'en suis point jaloux, que sais-je! ce serait à n'en plus finir! Tandis que toi tu parles en artiste, on t'écoute, on te croit; et lorsque Titien a dit: Sur mon honneur, madame, je puis faire de vous une Vénus, quelle est la femme qui voudrait le démentir?

— Encore une fois, monseigneur, dispensez-vous de moi, je vous prie.

— Au revoir, Titien, tu sais mon désir, tire-toi de là comme tu pourras; la duchesse t'attend.

Et, sans vouloir plus rien entendre, il tourna le dos à l'artiste, et se retira dans ses appartements. Titien n'eut pas le temps de réfléchir sur son étrange situation; car, dès que le duc se fut éloigné, deux pages vinrent l'avertir que madame la duchesse était prête à le recevoir.

Figurez-vous une de ces vastes pièces que les architectes du quinzième siècle disposaient si merveilleusement pour faire valoir tous les embellissements de la sculpture, tous les caprices de la fresque, tous les trésors de l'orfévrerie. De grands rideaux de velours cramoisi, aux franges d'or, aux glands constellés de perles, tempéraient l'éclat de la lumière, et ne laissaient pénétrer dans la chambre qu'un demi-jour mystérieux, et dont des tables de porphyre et de lapis-lazuli supportaient des vases antiques d'un prix incalculable, provenant des fouilles de Terni et de Cornetto; d'immenses fauteuils sculptés offraient, dans les précieuses et chatoyantes tapisseries dont ils étaient recouverts, l'histoire de Psyché et l'enlèvement de Proserpine; un magnifique tapis d'Orient amortissait le bruit des pas, et invitait au silence et au repos; des orangers en fleurs s'élançaient du fond de l'âtre, comme pour essayer la température et protester contre le luxe inutile d'une cheminée; des cassolettes incrustées de corail brûlaient aux quatre coins, et répandaient dans l'air tiède de la chambre leurs enivrants parfums. Enfin, que dirai-je! c'est peut-être dans ces appartements dont la fastueuse réalité dépassait l'imagination la plus richement douée que l'Arioste et le Tasse vinrent chercher la première idée de leurs enchantements d'Armide et d'Alcine.

La duchesse était assise ou plutôt étendue sur un divan si moelleux qu'il eût cédé à la pression de l'air; trois de ses plus belles filles d'honneur lui renouvelaient sans cesse un dossier de coussins des couleurs les plus vives et du plus précieux travail; un jeune page, d'une admirable beauté, qui rappelait par un sourire ingénu et par ses longs cheveux bouclés les anges de Raphaël, agitait doucement un éventail de plumes de paon; au pied du divan se tenait accroupi un petit esclave éthiopien, qui ne paraissait pas avoir d'autres fonctions que de faire ressortir par le contraste la blancheur de sa maîtresse, lorsqu'elle posait de temps à autre, par distraction, le bout de ses doigts sur son épaule noire comme l'ébène et froide comme la peau d'un serpent.

Titien fut introduit dans ce sanctuaire par les deux pages qui étaient venus le chercher. Le peintre s'arrêta sur le seuil, comme saisi de vertige, sans faire un pas, sans prononcer un mot, sans lever un regard. Il croyait avoir été transporté tout à coup dans une de ces régions enchantées qu'on ne voit qu'en rêve. A un signe imperceptible de leur maîtresse, les trois jeunes filles avancèrent un siége. Quatre négrillons, sortis de dessous terre, apportèrent le chevalet, la palette, les pinceaux, tout ce qu'il fallait pour travailler; le page à l'éventail vint prendre Titien par la main, et l'invita gracieusement à s'asseoir. Enfin le petit Éthiopien, espèce de tabouret vivant, qui paraissait destiné à une immobilité éternelle, se déplia comme poussé par un ressort, et offrit des crayons à l'artiste; puis, lorsque tout fut arrangé pour la séance, tout ce monde silencieux et empressé, sans attendre un nouveau signe, salua profondément et disparut; la porte par laquelle était entré Titien se referma d'elle-même. Une lourde portière armoriée glissa sur sa tringle, et la duchesse et le peintre restèrent complétement seuls.

Nous renonçons à donner la plus faible idée de la beauté de cette femme; elle est historique. Laure était vêtue d'une robe de velours noir à manches tailladées, qui faisait admirablement ressortir la blancheur éclatante de sa peau. Ses cheveux disparaissaient sous une riche coiffure de voiles brodés et de pierreries éblouissantes. Ses bras étaient nus, et sa main royale, qu'elle avait laissée retomber sur son genou, se détachait sur la sombre étoffe, comme une de ces mains d'albâtre posées par le sculpteur sur un coussin de velours.

Lorsque Titien fut assez remis de son émotion pour que l'artiste pût répondre de l'homme, il leva les yeux et regarda la duchesse. C'était la première fois qu'il osait fixer le regard sur elle si directement et si long-temps; car, ainsi qu'il venait de le dire au duc Alphonse, le peintre s'était toujours senti intimidé à l'approche de cette femme à l'air noble, au regard sévère; et ce qu'il n'avait pas jugé nécessaire d'ajouter, c'est qu'il avait cru remarquer que la duchesse paraissait mettre autant de soin à l'éviter qu'il se sentait peu de penchant à aller au-devant d'elle. Ainsi ils se fuyaient par une convention tacite, sans que d'un côté le respect qu'il avait pour la femme de son protecteur, sans que de l'autre l'admiration qu'elle avait pour l'artiste, en éprouvassent la moindre atteinte. Mais se rappelant cette fois qu'il était là par les ordres du prince et pour faire son métier, Titien maîtrisa son trouble, et regarda, comme nous l'avons dit, hardiment cette femme. Loin d'éviter ce regard assez impertinent, la duchesse en parut charmée, et y répondit par un gracieux sourire. Chose étrange! il croyait avoir vu cette figure autrefois, dans ses rêves peut-être, ou parmi les idéales beautés que l'artiste voit passer devant ses yeux à l'heure de l'inspiration. Quoi qu'il en fût, Titien se garda bien de faire part à la princesse de sa nouvelle préoccupation, et s'approchant du chevalet lui dit :

— Madame, me voici à vos ordres.

— Me trouvez-vous bien ainsi, maître? demanda la duchesse.

Le son de cette voix fit tressaillir le peintre. Si d'abord il avait douté, maintenant il était sûr que ce n'était pas la première fois qu'il voyait cette femme; mais dans quel pays? à quelle époque l'avait-il rencontrée? c'est ce qu'il ne pouvait se rappeler.

La duchesse répéta sa demande avec un

petit mélange de raillerie et d'impatience.

— Parfaitement, madame, répondit Titien, et il se mit à esquisser rapidement les contours de la tête.

— Cependant, ajouta-t-il après un moment, avec une légère hésitation, si Votre Altesse voulait bien découvrir un peu plus ses cheveux, je crois que son portrait y gagnerait beaucoup.

— Comment donc, seigneur Titien! mais vos conseils sont des lois.

Et la duchesse déroula ses voiles, ôta ses pierreries avec une grâce adorable.

— Quelle magnifique chevelure! dit l'artiste étonné en voyant cette blonde cascade ruisseler comme une pluie d'or sur la neige de son cou et sur la nacre de ses épaules! Certes j'ai vu cette femme; mais elle n'était point si belle! Ses charmes n'avaient point alors le développement prodigieux qui en fait aujourd'hui le plus beau modèle qu'un peintre puisse désirer.

Titien travaillait de verve et d'entrain, jamais il ne s'était senti mieux inspiré. Sa main fiévreuse entassait couleurs sur couleurs, pour arriver par l'habile gradation des demi-teintes à cette transparence lumineuse des chairs qui a été le désespoir de ses imitateurs. Il avait peu de couleurs sur sa palette ; on sait là-dessus ses principes : il disait souvent qu'un bon peintre ne doit connaître et employer que trois couleurs, le blanc, le rouge, le noir ; mais il possédait à fond la science et la magie des contrastes. Personne n'a su tirer parti comme lui du clair-obscur ; personne n'a obtenu plus de merveilleux résultats avec des procédés plus simples, nous dirions presque grossiers. Il n'avait qu'à jeter une draperie d'un blanc ferme et mat à côté d'une figure nue, et vous eussiez dit que cette figure était composée du plus beau cinabre. Cependant le peintre ne s'était servi que d'un peu de terre rouge et d'un peu de laque aux contours et vers l'extrémité. Son secret consistait souvent à laisser tomber sur ses tableaux une lumière haute et tranchante, et à diminuer graduellement ses demi-teintes jusqu'aux parties extrêmes, qu'il touchait avec force pour donner aux objets plus de relief et d'éclat qu'ils n'en ont dans la nature.

Dans les chairs il évitait les tons trop violents, les ombres trop fortes, quoiqu'on les voie ainsi dans la réalité. Dans ses portraits il concentrait la lumière et la vie, l'énergie et la vigueur dans les yeux, dans le nez et dans la bouche, laissant flotter le reste dans une demi-teinte douce et incertaine ; ce qui favorisait beaucoup la vérité de ses physionomies et l'animation de ses têtes. Quant à l'expression et à la ressemblance, on sait qu'il n'y a pas eu d'homme au monde qui ait égalé Titien, et il n'y en aura peut-être pas à l'avenir qui puisse jamais en approcher.

Lorsque la tête et une partie des épaules furent assez avancées pour que l'artiste pût satisfaire la curiosité de son modèle, Titien permit à la duchesse de jeter les yeux sur la toile. En se voyant si belle et si frappante doña Laure d'Este ne put retenir un cri d'admiration et de surprise.

— Vous voyez, madame, s'écria l'artiste avec feu, que j'ai eu raison de conseiller à Votre Altesse de se débarrasser de sa lourde coiffure ; si elle veut m'en croire, il en sera de même de sa robe. Tenez, madame, écoutez un avis d'artiste ; dégagez tout à fait vos épaules d'un modelé si parfait, votre poitrine plus ferme que le marbre, votre torse dont les lignes sont si pures. Et, par la mort, ce n'est pas pour peindre un morceau d'étoffe ou un nœud de ruban que Dieu nous a donné aussi la moitié de sa puissance ; car je puis créer aussi, madame, et lorsque votre beauté céleste, chef-d'œuvre de Dieu, sera tombée en poussière, elle vivra encore, elle vivra long-temps dans une toile.

A ces mots prononcés d'une voix forte et vibrante, les yeux de Titien s'étaient animés d'un éclat sublime, ses joues étaient colorées, son front rayonnait. L'homme avait disparu pour faire place à l'artiste dans tout l'élan de son génie, dans toute l'exaltation de son âme, dans la sainte et terrible majesté de son divin sacerdoce.

— On m'avait bien dit de me défier de Titien, reprit lentement la duchesse, tout en suivant mot pour mot les injonctions du peintre. Je vois bien que messire Arioste n'est pas le plus grand flatteur de la cour.

— Eh ! madame, si vous ne me croyez

pas, croyez-en ce miroir; il n'a pas plus que moi d'intérêt à vous tromper.

Et Titien poussa vers elle une magnifique Léda en marbre couchée sur un piédestal, roulant et tenant dans ses mains une très-belle glace de Venise.

A mesure que la duchesse, docile aux volontés de l'artiste, découvrait successivement son pied, sa jambe, son genou, tout le corps admirable qui lui avait valu la couronne de Ferrare, Titien croyait ressaisir sa ressemblance, ses souvenirs flottaient moins incertains, il ne lui manquait plus qu'un nom et une date, et il allait la reconnaître.

Cependant l'éblouissante esquisse touchait à sa fin; la chair bondissait sous le pinceau; la pourpre courait dans les veines; un seul obstacle irritait Titien, c'étaient les derniers plis de ce velours qui faisaient tache au milieu de cette neige vivante, et empêchaient son chef-d'œuvre de se produire dans tout l'éclat de sa superbe et rayonnante beauté.

— Heureux l'artiste, s'écriait-il avec amertume, qui put sculpter la Vénus antique dans sa sublime et chaste nudité ! il n'avait pas devant lui des diamants et des étoffes. Oh ! si un pareil bonheur m'était donné, j'en jure Dieu, la Vénus de Médicis aurait aujourd'hui son pendant.

— Mais regardez-moi donc, maître ! fit la duchesse en riant.

Titien se retourna brusquement et poussa un cri.

La femme de don Alphonse de Ferrare avait laissé tomber ses derniers vêtements, et s'était couchée sur son divan, exactement dans la pose de cette divine Vénus de Titien, qu'on peut admirer encore aujourd'hui dans la galerie de Florence.

— Grand Dieu ! je ne me trompe pas ! dit Titien, en se précipitant vers elle.

— Enfin !

— C'est donc toi ?

— C'est moi, ta Laurette, ton modèle, ta maîtresse ! Ingrat ! tu m'avais donc oubliée ?

— Je n'en reviens pas : la fille du pauvre Zuanetto !

— Qui venait poser pour un morceau de

pain dans votre atelier de Venise, est la souveraine de Ferrare; — et ce qu'il y a de plus étonnant dans cette étonnante aventure, c'est que son ancien maître et seigneur se soit obstiné à ne pas reconnaître la duchesse de Ferrare que quand elle est descendue à son humble condition de modèle.

— Je me disais bien que ces traits ne m'étaient pas inconnus.

— Ce n'est pas malheureux! au fait, je ne t'en veux pas; il s'est passé depuis ce temps plus de douze ans, et je dois être bien changée!

— Et comment as-tu pu parvenir?

— A épouser Don Alphonse? c'est tout simple. Il m'a vue, il m'a aimée; je lui ai fait croire tout ce que j'ai voulu, et je suis devenue d'abord sa maîtresse, ensuite sa femme: rien de plus logique.

— Et il t'aime, j'en ai la preuve.

— Il m'adore. Depuis le premier jour que tu es venu à Ferrare, il m'obsède pour le maudit portrait. J'ai résisté tant que j'ai pu; mais enfin j'ai dû céder pour ne pas le rendre sérieusement malheureux, et Dieu sait que je redoutais ce moment... car... — Et la jeune femme s'interrompit pour laisser échapper un soupir.

— Je conçois que tu m'évitais par prudence.

— Par honte.

— Que veux-tu dire ?

La duchesse fixa sur l'artiste ses yeux remplis de larmes, et répondit tristement :

— Quand on a été la maîtresse de Titien, c'est descendre que d'épouser un duc.

Titien baissa la tête et tomba dans une profonde rêverie. Quand il eut repris assez de sang-froid pour sortir de sa pénible situation :

— Allons, madame, dit-il avec bonté, mais avec calme, reprenez votre robe et rajustez votre coiffure. Cette esquisse est du moins inutile, et je la finirai plus tard. J'ai dans mon atelier un portrait de vous, tel que le duc le désire. Je veux vous peindre aussi pour vos sujets. Puisque le sort a mis une couronne sur votre front, il ne sera pas dit que je vous en aie privée, même en peinture.

— Mais que dira mon mari?

— Il ne peut être que content. Au lieu d'un portrait qu'il m'a commandé, il en aura deux, l'un en Vénus, l'autre en duchesse.

Trois jours après Titien était parti pour Venise.

Nous serons obligé désormais de glisser rapidement sur les tableaux dont l'inépuisable fécondité de cet homme vraiment prodigieux a rempli le monde. Pour les décrire, même sommairement, il faudrait au moins dix volumes.

Il fit pour le beau-père de Giovanni da Castel Bolognese un très-beau paysage avec un pâtre nu et une villageoise qui lui offre des flûtes; pour l'église des Frères mineurs, l'Assomption de la Vierge; une Conception pour la chapelle de la famille Vesara; pour la petite église Saint-Nicolas, Saint Nicolas d'abord, puis Saint François, puis Sainte Catherine et enfin Saint Sébastien. C'est de ce dernier tableau contenant les quatre saints que nous venons de nommer que Vasari a fait une si singulière critique, en disant que le peintre ne s'était pas beaucoup gêné; car, sans employer d'autre artifice, il avait tout bonnement représenté son saint Sébastien comme un homme de chair et d'os, avec des muscles et des nerfs véritables, saignant par des blessures à vous donner le frisson. On l'eût dit vivant! Ce qui pour un peintre classique était au moins d'une grande inconvenance.

Finalement, pour l'église de Saint-Roch Titien fit un tableau représentant le Christ avec sa croix sur l'épaule et avec une corde au cou tirée par un juif. Tableau qui, de l'aveu de Vasari, dont le nom revient si souvent sous notre plume, attira tellement la dévotion et les offrandes des fidèles, qu'il a rapporté en peu d'années plus d'argent à l'église que n'en ont jamais gagné à eux deux Titien et Giorgione pendant leur vie entière.

Cependant les portraits allaient leur train. C'étaient les doges Lorédano et Grimani accompagnés de leurs saints protecteurs. C'était Andrea Gritti, un des plus illustres capitaines de la république, flanqué, comme d'habitude, de son bienheureux patron. C'étaient Pierre Lando et André Venieri prosternés aux pieds de la Vierge.

On comprend que tous les grands seigneurs, que tous les doges puissants ne se tenaient pas quittes envers Titien pour un rouleau d'or ou pour une maigre pension. C'était à qui le comblerait le plus d'amitié, à qui lui procurerait le plus de distinction, à qui lui obtiendrait le plus de commandes.

C'est ainsi qu'il fut chargé du grand tableau du Martyre de saint Pierre, qui passe pour un des plus beaux tableaux du monde, et que nous avons possédé quelque temps à Paris avec la Transfiguration de Raphaël. Ainsi, à la requête d'Andrea Gritti, le sénat de Venise lui demanda les batailles de Ghiaradadda et de Spoleti, devenues malheureusement la proie des flammes. Ainsi, à la prière de Contarini, il fit le magnifique Christ assis à table entre Cléophas et saint Luc, dont son propriétaire, le trouvant trop beau pour une galerie privée, fit hommage au gouvernement, qui l'exposa à l'admiration publique dans le salon doré qui précédait la grande salle du Conseil des dix.

Mais l'homme qui se montra le plus reconnaissant envers Titien, ce fut l'écrivain le plus populaire, le poète le plus admiré, le critique le plus spirituel, le plus puissant et le plus redouté de son siècle. Hélas! faudra-t-il le nommer? Ce fut Pierre Arétin.

Quand on voit de quel respect, de quelle vénération, de quel culte les contemporains ont entouré cet homme, dont le nom seul est une honte aujourd'hui, une injure, je dirais presque un outrage à la pudeur, on s'arrête interdit, on hésite, on n'ose point affirmer si c'est par la plus infernale hypocrisie, par le charlatanisme le plus impudent, par les hâbleries les plus éhontées, que ce misérable est parvenu à en imposer à son siècle; ou bien s'il faut le regarder comme un de ces génies étranges et incompris, comme un de ces froids théoriciens qui trempent dans l'infamie sans s'y souiller, comme un de ces hommes enfin qui valent beaucoup mieux que leur réputation ou que leurs œuvres. L'Arioste l'a chanté dans son poème; tous les poètes, tous les artistes le consultaient comme un oracle; les cardinaux lui cédaient la place d'honneur; les capitaines, les rois, les empereurs s'inclinaient devant lui. On l'appelait, et il s'appelait lui-même le *Fléau des princes*.

Cet homme a été l'ami de Titien, comme de tout ce qui avait un titre quelconque à l'admiration ou à l'estime de son époque. Un des biographes de notre peintre, M. James Northose, qui lui a consacré deux volumes, en a employé au moins un tiers à sa correspondance avec l'Arétin. Nous qui n'avons ni le même espace ni le même loisir, nous nous bornerons à faire connaître cet étonnant personnage, qui a rendu de si grands services à notre artiste : à reproduire quelques lignes seulement d'une lettre; et cette lettre-là n'est pas de Titien, mais de Vasari, l'homme le plus irréprochable sous le rapport de la conduite et des mœurs.

Nous choisissons au hasard entre mille.
Messer divinissimo.

On ne lui donne jamais d'autre titre : *très-divin.*

« *Divinissimo e unico poeta, messer Aretino.*

» Si dans l'espace de quelques mois je ne
» suis pas allé vous voir, ce n'est pas que je n'aie
» songé à vous à chaque instant, et que je ne
» me sois pas trouvé en esprit, mille fois
» l'heure, devant votre auguste présence.
» Bien que de penser à vous et de contempler
» votre image me suffit pour me rappeler
» sans cesse la divinité de votre vertu, ad-
» mirée par les hommes les plus rares ; car en
» vérité, parmi ce que la nature a produit de
» plus merveilleux, vos nobles qualités sont
» la chose la plus digne et la plus admirable
» que je connaisse. Je dois être bien fier,
» puisque dans mon jeune âge un homme
» tel que vous a bien voulu m'appeler son
» fils, et ne m'a pas jugé indigne d'occuper
» une place dans ses livres. Ce sont assuré-
» ment vos affectueux conseils qui ont ra-
» mené ma jeunesse égarée. C'est à vous que
» je dois de m'être plongé dans l'étude et dans
» d'honorables travaux, pour lesquels je mé-
» riterai d'être encore vivant après ma mort,
» et j'honorerai par mes œuvres les œuvres
» de mes bienfaiteurs. Le premier ouvrage
» qui sortira de mes mains sera pour la mai-

» son du magnifique Octavien (de Médicis)...
» lequel vous baise les mains et se recom-
» mande à vous, etc. »

Or l'Arétin, dont Titien avait fait le portrait, et qui n'avait pour s'acquitter envers le peintre ni commandes à lui donner, ni pensions à lui offrir, prit tout simplement une plume et une feuille de papier, et recommanda son ami à l'empereur Charles-Quint. Ce fut la source des grandeurs de Titien.

C'était en 1530, Charles-Quint était venu à Bologne pour recevoir la couronne impériale des mains de Clément VII; il fit immédiatement appeler Titien auprès de lui, et, l'ayant reçu avec les marques de la plus insigne faveur, le pria de se mettre sur-le-champ à son portrait. L'empereur étonné n'en croyait pas ses yeux quand il se vit assis sur son grand cheval de bataille, couvert de sa plus belle armure, dans une attitude si majestueuse et si fière, que ses sujets s'inclinaient devant la toile avec crainte et respect. Il lui donna pour le moment mille écus d'or, lui en promit autant pour chaque portrait qu'il ferait de sa majesté impériale, et l'assura que, dès que la politique lui laisserait un moment de repos, il s'occuperait de son artiste de telle sorte qu'il n'eût pas à se repentir de lui avoir été recommandé.

Avant que Titien eût pris congé de l'empereur, deux généraux de sa suite le supplièrent tout bas de leur faire aussi leur portrait. Le premier, don Antonio Leyva, le paya royalement; le second, le marquis de Vasco, qui était plus pauvre, le pria d'accepter une pension annuelle de cinquante écus d'or sur son château de Léon.

Qu'était devenu le temps où les doges de la république sérénissime croyaient tout faire pour leur fils bien-aimé en lui payant ses portraits huit écus pièce?

Dès que l'empereur eut quitté Bologne, Titien s'empressa de retourner à Venise pour éblouir les habitants de cette ville par son luxe improvisé et par sa renommée colossale.

Hélas! quel est l'homme assez fort pour résister à la tentation de vouloir briller dans un pays où ses premières années se sont écoulées dans l'ombre, dans les privations, dans la misère? quel est le pays assez généreux pour pardonner cette faiblesse à ses enfants de génie? L'envie la plus violente fit bientôt justice de cette rapide et incroyable fortune. Les Vénitiens, qui se seraient précipités au-devant de la gondole du grand artiste, s'il avait dû en descendre en haillons et en larmes, le cœur brisé et l'escarcelle vide, sans nom, sans avenir, sans espoir; les compatriotes, les camarades, les amis qui avaient des phrases toutes faites pour le consoler de ses échecs et les lui rappelant avec adresse, pour l'abreuver de fiel tout en ayant l'air de lui présenter l'éponge d'une commisération dérisoire; cette foule égoïste et fausse affecta de fermer les yeux et de détourner la tête pour ne point voir son triomphe.

Heureusement Titien — et c'est là une compensation providentielle pour les grands génies — était trop occupé de ses œuvres pour écouter le bruit sourd qui se faisait autour de lui, avait les yeux fixés trop haut pour discerner la calomnie s'agitant dans l'ombre et rampant dans la poussière. Ses travaux se succédaient sans trêve dans cette vie si laborieuse et si féconde. C'est à fatiguer la mémoire du plus patient faiseur de catalogues. Comment jeter quelque clarté dans ce chaos de chefs-d'œuvre de toute dimension, de tout genre, de toute époque? Nous les prendrons pêle-mêle, au hasard, comme ils tombent sous notre plume. Malheur à celui qui voudrait suivre les fils de Vasari et de Ridolfi pour se reconnaître au milieu de ce labyrinthe. Jamais écheveau plus embrouillé n'a été offert pour guide à la curiosité des explorateurs.

Les années, les mois, les jours de Titien purent se compter par des tableaux. Nous avons de lui vers le même temps un Saint Jean pour l'église du Rialto, un grand tableau de l'Ascension que le peintre dessinait pour les religieuses de Thurano, et que, sur le refus de ces bonnes sœurs, il envoya à l'impératrice Isabelle; une Vierge avec l'enfant Jésus entourés du plus brillant cortége de saints, pour les pères de Saint-Nicolas de Frari, et enfin un *Ecce homo* montré au peuple par Pilato du haut d'un escalier.

Titien se consolait de l'aridité des sujets, fourrant, de gré ou de force, les portraits de ses amis ou de ses protecteurs dans ses compositions historiques, sans se soucier de l'anachronisme. Ainsi Pilate est son ami Partenio, qui a dû être médiocrement flatté de ce choix. Charles-Quint et Soleyman sont rangés côte à côte, au bas de l'escalier, sous les costumes de deux chevaliers de la suite de Pilate; le peintre lui-même s'est réservé un petit coin de toile, comme pour voir du fond de son tableau quel effet produirait sur les spectateurs la flétrissante et douloureuse exposition de l'homme-Dieu.

Le portrait est la passion de Titien. Rien n'est plus éblouissant, plus somptueux et plus bizarre que les ajustements dont il se plaisait à revêtir ses modèles. Il nous a laissé un portrait du cardinal Hippolyte de Médicis dans un costume hongrois d'une richesse inouïe. Le cardinal émerveillé supplia l'artiste de le suivre à Bologne, où l'appelaient ses fonctions d'ambassadeur. Là il lui demanda un second portrait; mais cette fois armé de pied en cap, comme il convenait à une éminence guerrière. Nouveau portrait de Charles-Quint, nouveau portrait du marquis de Vasto, du duc de Gonzaga, qui fut assez heureux pour se faire suivre par Titien jusqu'à Mantoue et pour en obtenir les figures des douze césars. Ces douze empereurs, quoique copiés exactement d'après les statues et les médailles anciennes, paraissaient vivants, et si vrais, qu'on eût dit qu'ils étaient peints d'après nature.

A Ferrare il peignit Paul III, qui fit tout au monde pour l'avoir à Rome. Mais ses efforts échouèrent pour le moment, parce qu'un engagement antérieur appelait notre artiste à Urbin. Là, il fit le portrait du duc régnant François-Marie de La Rovère et de dona Éleonora, sa femme, outre une Madeleine et une Vénus de toute beauté.

En 1541, Titien, âgé de soixante-quatre ans déjà, et au plus beau de sa carrière, fit pour le maître-autel de l'église de San Spirito sur la Lagune, un magnifique tableau du Saint-Esprit, et, peu de temps après, il enrichit la voûte de la même église de trois fresques que les artistes trouvèrent admirables. Tout en menant de front ces travaux d'une grande variété et d'une difficulté extrême, il ter

minait à ses moments perdus les portraits de
Giovanni de Médicis et du duc d'Albe, d'Élisabeth Manola et de la petite Adria, fille de
Parteno, ravissante et angélique créature
qu'il a peinte au moment où elle enfile son
aiguille.

Trévise montre avec orgueil une Annonciation et une Résurrection de Notre Seigneur
entouré d'un groupe de petits chérubins, les
plus charmants qu'on puisse voir.

A Vérone, on conserve la célèbre Assomption qui a fait avec tant d'autres chefs-d'œuvre
le voyage de Paris, et qui, comme tant d'autres chefs-d'œuvre, après ce pelerinage forcé
est enfin retournée à sa place. Un des apôtres
qu'on admire dans ce tableau est, selon son
habitude, le portrait vivant de l'architecte
San-Micheli.

A Brescia, il plaça sur le maître-autel de
San-Nazzaro un grand tableau à cinq compartiments, contenant le Christ, la Vierge et
les saints; tableau qui satisfit tellement les
magistrats de la ville, qu'on lui confia trois
peintures de quatorze pieds de haut sur
quatorze de large pour la salle du Palais.
Malheureusement le feu a tout détruit, et il

ne reste plus qu'une gravure de Cyclopes d'une facture très-curieuse.

A Milan, dans l'église de Sainte-Marie des Grâces, il fit le fameux Christ à la Couronne d'épines dont la divine et touchante figure exprime avec tant de vérité la douleur et la honte, qu'en présence d'une si grande misère, un sentiment de compassion irrésistible s'empare des esprits les plus froids et des âmes les plus sceptiques. Comme on le voit, Titien tenait religieusement la promesse qu'il avait faite à Dieu et aux hommes, qu'une fois maître absolu de son travail, l'église aurait autant de ses tableaux que la villa.

Enfin le cardinal Farnèse sut s'y prendre d'une manière si délicate et si adroite, qu'il l'attira à Rome en l'année 1545; ce que le Vénitien, soit paresse, soit appréhension, soit antipathie, avait toujours refusé. On devine l'empressement que mirent les chefs les plus illustres de l'Église romaine à recevoir un aussi grand artiste. Néanmoins, à cette généreuse et cordiale hospitalité de génie à génie, à l'admiration profonde qu'inspiraient les œuvres du grand coloriste, à l'amitié sincère qu'on lui témoignait, il se mêla je ne dirai pas de l'envie, mais quelques préventions, peut-être injustes ; quelques critiques dont l'impartialité était douteuse, quoique la source en fût honnête et la bonne foi incontestable.

Vasari nous a conservé un entretien fort curieux qui aurait eu lieu entre lui et Michel-Ange au sujet de Titien. Je n'affirmerai pas que le Plutarque des peintres n'eût point gardé un peu de rancune à son rival de Venise qui avait hérité de trois tableaux de Santo-Spirito confiés d'abord à Vasari. D'ailleurs, comme, à tout prendre, Vasari appartient par la théorie aussi bien que par la pratique à cette classe de peintres qui subordonnent la couleur au dessin, il est tout simple que son admiration pour Titien ne fût pas sans réserve. Mais pour ceux qui connaissent le caractère de Vasari, sa droiture, sa noblesse, sa haute justice, il est impossible de s'arrêter à l'idée qu'il soit descendu à inventer une conversation qui n'est pas très-flatteuse pour son rival : voici ce qu'il raconte.

Titien dès son arrivée fut accablé de commandes. Paul III avait mis à sa disposition les appartements du Belvédère. On le traitait comme un prince du sang. Titien se mit bientôt à l'œuvre. D'abord, il esquissa pour le pape un *Ecce homo*, un de ses sujets favoris, comme *la Pieta* l'était pour Michel-Ange ; puis une Madeleine : c'était toujours la beauté, quoiqu'en larmes ; c'était toujours la royauté, la pourpre, le rang, quoique par dérision et dans le supplice.

Mais le duc Octave, un des plus grands seigneurs de la cour, ne s'en tint pas à des sujets sacrés ; il demanda un Adonis se détachant à regret des bras de Vénus, et une Danaë accueillant dans son sein le puissant Jupiter, qui a dû, lui aussi, pour réussir plus aisément, se transformer en pluie d'or.

Titien était en train de terminer sa Danaë, lorsqu'un jour on frappa à la porte de son atelier : c'était Vasari accompagné du vieux Michel-Ange.

Revenu depuis peu de Naples, Vasari avait été présenté à Titien par le cardinal Farnèse, leur patron à tous deux, et s'était empressé de se mettre à la disposition du peintre vénitien pour lui faire les honneurs de Rome ; et maintenant il remplissait son plus précieux devoir de cicérone et de guide, en lui amenant le grand Buonarroti. Aussi, vous pouvez bien vous douter avec quelle expression de reconnaissance, d'enthousiasme et de respect fut accueillie une telle visite.

Michel-Ange s'arrêta long-temps devant le tableau de Danaë. Ce dut être un magnifique et imposant spectacle que ce peintre de soixante-sept ans, le premier de son école, le plus grand coloriste de son siècle, admiré par les peuples, servi par les rois, se tenant silencieux et humble comme un disciple en présence du grand Buonarroti, et épiant avec la plus vive anxiété, dans les yeux de son juge, le moindre signe d'approbation ou de blâme.

Après avoir long-temps observé l'œuvre de Titien avec ce coup d'œil d'aigle à qui rien n'échappe, Michel-Ange lui en fit les compliments et les éloges les plus magnifiques, comme on fait devant l'auteur, remarque malicieusement le biographe ; mais un imperceptible froncement de sourcil, dont Titien tout entier à la joie de se voir apprécié par un tel homme ne s'était pas aperçu, avait montré à Vasari que Michel-Ange, soit courtoisie, soit réserve, n'exprimait pas sa pensée tout entière.

Aussi, dès qu'ils furent sortis l'artiste écrivain s'empressa-t-il de demander à son vénérable compatriote et ami quel était son avis sur le talent de Titien.

—Je vous ai déjà dit, répondit brusquement l'inflexible vieillard, il n'y a pas assez d'éloges pour le génie de cet homme ; je n'ai rien vu de plus parfait que son coloris, de plus élevé que son style ; mais c'est grand dommage qu'à Venise on n'apprenne pas à dessiner de bonne heure, et que l'école vénitienne ne soit pas plus sévère ; car, si l'art et l'étude avaient fait pour cet homme ce que Dieu et la nature ont fait pour lui, en vérité, je vous le dis, on ne pourrait faire en ce monde ni plus ni mieux. »

Hélas ! ce jugement, quelque dur qu'il puisse paraître aux compatriotes et aux admirateurs de l'artiste vénitien, a été confirmé par la postérité. Il est vrai de dire que Michel-Ange le jugeait ainsi sur deux tableaux de second ordre, et qu'en parlant tout haut de Titien, il rêvait tout bas à Raphaël !

Cependant, vers la même époque Titien achevait les deux portraits du duc Octave et du cardinal Farnèse, deux chefs-d'œuvre d'une perfection désespérante, auxquels le critique le plus austère n'aurait pu trouver l'ombre d'un défaut. En cela, Michel-Ange lui rendait pleine justice. D'après l'énergique expression de Buonarroti, Titien n'avait pas d'égal pour *contrefaire la vie* (*contrafare il vivo*). Rien de plus vrai que ce mot, auquel l'admiration publique se chargea de donner une sanction éclatante. Titien venait d'exposer sur une terrasse son portrait de Paul III pour faire sécher le vernis. Tous les bourgeois qui venaient à passer par là ne fixaient pas les yeux sur la toile; croyant que c'était réellement le pape qui prenait le frais sur son balcon, ils s'inclinaient respectueusement, et faisaient de grandes révérences. L'anecdote est rapportée par Benedetto Varechi, un des historiens les plus graves et les plus véridiques de l'Italie.

Qu'on pense si le pape mit tout en œuvre pour garder près de lui un tel artiste. Des dons, des honneurs, des priviléges pour le père, des évêchés, des bénéfices pour les enfants, des offres de toute sorte furent mises en jeu pour le fixer à Rome. On alla jusqu'à lui proposer la charge de *piomba*, espèce de sinécure restée vacante par la mort du frère Sébastien, et qui rapportait trois à quatre cents écus. Mais Titien ne se plaisait pas à la cour de Rome. Il n'y trouvait ni le faste qui aurait pu lui faire oublier l'amitié de ses intimes, ni l'amitié qui aurait pu le dédommager de cette vie splendide et bruyante si conforme à ses goûts.

Il retourna donc à Venise, où l'attendaient les causeries du foyer, les discussions franches, quoique un peu aigres, les vérités dures, mais au fond bienveillantes et affectueuses. Partenio, Sansovino, Francesco le mosaïste, passaient tous les jours une heure ou deux dans son atelier, et c'était un assaut continuel de gaieté, d'esprit, de savants discours et de propos frivoles, de fines railleries et de touchants souvenirs. Titien était-il complétement heureux? non, ne le croyons pas; il en avait l'air du moins.

L'année 1548 touchait à sa fin, lorsque l'empereur Charles-Quint l'appela à sa cour. L'empressement que mit Titien à se rendre aux ordres de César, la pompe qu'il déploya dans ce voyage, le cortége de palefreniers, de serviteurs, de pages qu'il traîna à sa suite, prouvent que, s'il éprouva quelque tristesse en quittant ses amis, ses regrets furent bien vite étouffés par l'amour du bruit, de l'éclat et de la gloire, qui semble avoir été sa passion dominante.

Il marchait en effet vers l'apogée de sa fortune. L'empereur déclarait à la face des deux mondes qui lui étaient soumis, qu'il ne voulait d'autre peintre que Titien. De même qu'Alexandre ne voulait être peint que par Apelles, de même Charles-Quint faisait défense à tous les autres peintres d'aborder son portrait. Il avait à sa cour ses grandes et ses petites entrées. Il suivait l'empereur dans tous ses voyages; seul, il pénétrait dans les appartements de César sans être annoncé; enfin Charles-Quint voulut lui-même lui conférer l'enseigne de ses ordres, il le créa comte et chevalier. Le diplôme impérial est conçu en des termes si honorables pour Titien et contient de si curieux détails, que nous ne pouvons résister au désir d'en reproduire une partie. Ce singulier document est écrit en latin et daté de Barcelone en l'an de grâce 1553. En voici le commencement, nous traduirons mot à mot.

« Charles V, par la divine clémence em-
» pereur auguste des Romains, roi d'Alle-
» gne, d'Espagne, des deux Siciles, de Jé-
» rusalem, de Hongrie, des Indes, etc. A notre
» respectable, fidèle et bien-aimé Titien de
» Vecelli, illustre chevalier de l'Éperon d'or,
» comte du palais sacré de Latran, de notre
» cour et de notre impérial consistoire, la
» grâce césaréenne et tous les biens.

» Ayant été notre constante habitude,
» depuis que, sous les auspices divins, nous
» avons été élevé à la hauteur de la dignité
» impériale, de combler de nos grâces, faveurs
» et bienveillance ceux-là surtout qu'on a
» jugés les plus illustres et les plus dignes,
» par leur fidélité et par leur respect envers
» nous et le Saint-Empire romain, et outre,
» ses rares vertus, pour son excellence dans
» les arts; considérant sa fidélité éprouvée et
» son parfait dévouement envers nous et le
» Saint-Empire romain, et, outre les rares
» vertus et les brillantes qualités de son génie,

» son art exquis de peindre et de saisir admi-
» rablement les ressemblances, dans lequel
» art tu nous as semblé mériter le nom de
» l'Apelles de ce siècle ; attendu que,
» d'après l'exemple de nos prédécesseurs,
» Alexandre le grand et Octavien Auguste,
» dont l'un ne voulut être peint que par
» Apelles, et l'autre ne confia son portrait
» qu'aux plus excellents maîtres de son temps
» (dans la juste crainte que des artistes igno-
» rants pourraient par leurs mauvaises pein-
» tures faire tort à leur gloire auprès de la
» postérité), nous aussi, nous n'avons confié
» qu'à toi seul le soin de faire notre portrait,
» et que nous avons pu aussi acquérir la
» preuve de ta facilité et de ton bonheur
» (*falicitatem et felicitatem*) en un tel art,
» nous t'avons jugé digne de nos faveurs
» impériales, et nous avons voulu prouver
» hautement notre clémence envers toi, et
» donner à la postérité un éclatant témoi-
» gnage de ton mérite.

» Aussi, de notre propre mouvement, en
» parfaite connaissance de cause, et après
» mûres réflexions, ouï le conseil de nos

» bien-aimés princes, comtes, barons et autres
» dignitaires du Saint-Empire, dans la plé-
» nitude de notre pouvoir césaréen, nous te
» faisons, créons, nommons comte du sacré
» palais de Latran, de notre cour et de notre
» impérial consistoire, t'en octroyons le titre
» par les présentes, t'élevons à cette haute
» dignité, t'agréons et t'inscrivons au nombre
» des autres comtes palatins; ordonnons par
» le présent écrit impérial que dorénavant tu
» pourras jouir, user et profiter de tous les
» priviléges, grâces, droits, immunités, hon-
» neurs et exemptions et libertés dont jouis-
» sent les comtes palatins par coutume ou
» par droit. »

Suit la liste des priviléges accordés aux comtes palatins, priviléges qui n'étaient pas d'une légère importance : créer des notaires, nommer des juges, légitimer des bâtards, et une foule d'autres droits que nos rois constitutionnels seraient très-heureux d'avoir aujourd'hui. — Mais Charles-Quint ne s'en tient pas là, et, une fois en train de récompenser son artiste, il n'est pas satisfait tant qu'il n'aura anobli à perpétuité toute sa famille.

« Pour te prouver donc toute notre bien-
» veillance, poursuit généreusement l'empe-
» reur, et la plénitude de notre grâce, et afin
» que ta postérité tout entière soit honorée
» et prise en considération dans ta personne ;
» afin que tes descendants, guidés par la tra-
» dition de tes vertus, encouragés par notre
» munificence, puissent voir en toi non-seu-
» lement un exemple à imiter, mais la source
» et l'origine de leur gloire et de leurs gran-
» deurs, nous vous nommons, créons et fai-
» sons nobles dans les formes susdites, toi
» Titien, et tous tes enfants légitimes de l'un
» et de l'autre sexe, nés ou encore à naître,
» ainsi que leurs héritiers et descendants à
» perpétuité, et vous accordons par les pré-
» sentes le nom, le titre, le rang, la dignité
» et les insignes de noblesse. Nous vous nom-
» mons et déclarons aussi nobles qu'on peut
» l'être dans la plus haute condition
» humaine, comme si vous étiez nés de
» noble race, de maisons et de familles nobles,
» procréés par quatre aïeux paternels et ma-

» ternels. Nous voulons et nous exigeons que
» tous les personnages les plus éminents par
» leurs rangs, par leurs grades et par leurs
» dignités vous reconnaissent et vous esti-
» ment comme leurs égaux ; nous décrétons
» et ordonnons expressément que toi, Titien
» de Vecelli, et tous tes enfants, héritiers et
» successeurs, maintenant et toujours, dans
» le temps à venir, en tous lieux et en tous
» pays, soit en jugement, soit hors de juge-
» ment, dans les affaires temporelles et spiri-
» tuelles, ecclésiastiques ou profanes, dans tous
» les exercices, actes ou négoces, vous jouis-
» siez des mêmes honneurs, priviléges,
» dignités, droits, offices, libertés, grâces, etc.,
» dont jouissent tous les nobles de bonne
» race, engendrés et procréés par quatre
» aïeux paternels et maternels, etc., etc. »

Nous supprimons le reste de ce long document pour ne pas fatiguer le lecteur. La partie du diplôme où Titien est nommé chevalier et dans laquelle on lui octroie le glaive, l'éperon, la robe et la ceinture d'or, n'est pas la moins curieuse.

Comme on voit, Charles-Quint ne mettait

pas de bornes à ses impériales faveurs : non-seulement il descendait à la postérité la plus reculée, mais il remontait au passé le plus lointain, il évoquait de leur tombeau les ancêtres de Titien pour honorer dans leurs personnes son artiste favori. A voir de quelle façon déplorable quelques artistes contemporains arrangent dans leurs toiles ce que nous appelons nos grands hommes, on s'explique facilement la susceptibilité du puissant empereur, qui s'est mis du reste à l'abri de tout reproche sous les noms d'Alexandre et d'Auguste ; on comprend qu'aucune récompense, si exorbitante qu'elle nous paraisse aujourd'hui, ne doit lui sembler assez haute pour l'homme qui transmettait ainsi son image aux siècles à venir, pure de la moindre tache et de toute odieuse profanation.

Cependant l'étoile de Titien devait encore monter d'un degré et atteindre à la plus prodigieuse hauteur à laquelle une destinée d'artiste puisse parvenir. Il avait alors soixante-seize ans. L'empereur déjà vieux posait devant lui pour la troisième fois. Sur le point de quitter le trône pour s'enfermer dans un cloître, Charles-Quint avait voulu être peint dans toute sa splendeur, et avait choisi pour ce dernier portrait son costume le plus brillant et sa plus riche armure.

Titien, entraîné comme toujours par sa fougueuse ardeur, que l'âge était loin d'avoir domptée, assis devant son chevalet, ébauchait rapidement son esquisse, lorsque le pinceau lui tomba de la main. Avant que personne eût eu le temps de bouger, l'empereur se baissa, et, ramassant le pinceau qui roulait par terre, le présenta respectueusement à l'artiste.

— Sire, s'écria Titien ému jusqu'aux larmes, sire, que faites-vous?

— Titien est digne d'être servi par César, répondit l'empereur.

Je sais que quelques biographes racontent cette anecdote comme étant arrivée plusieurs années auparavant à Bologne; mais j'ai suivi la version de Ridolfi, qui est la plus vraisemblable, et cet hommage rendu par la royauté au génie, de vieillard à vieillard, m'a paru plus touchant.

Qu'on s'imagine si les grands de la cour durent se montrer jaloux de ces marques de distinction inouïes, que l'inflexible étiquette espagnole n'accordait même pas aux princes souverains. La faveur dont jouissait Titien paraissait une chose tellement monstrueuse et inusitée que les plus zélés courtisans crurent de leur devoir, dans l'intérêt même de la royauté, d'en faire quelques observations à l'empereur. A cela Charles-Quint répondit « qu'on trouve aisément des princes et même des rois, mais qu'il ne connaissait au monde qu'un seul Titien. »

Mais notre artiste n'était pas homme à endurer le moindre signe de froideur de la part des personnes avec lesquelles il était obligé de se trouver tous les jours, et, quoique pénétré de reconnaissance pour les bontés dont l'empereur l'avait comblé, il sollicita et obtint la faveur de faire un voyage en Allemagne. Avant son départ il termina le portrait du terrible Philippe II, alors prince royal, et accepta le titre et le traitement de peintre de la cour.

Il est inutile d'insister sur les réceptions

qui attendaient Titien dans les pays qu'il daignait visiter; son voyage fut un véritable triomphe: les princes, les rois venaient à sa rencontre et s'estimaient heureux s'il voulait leur vendre, n'importe à quel prix, la moindre esquisse; plus heureux encore s'il les jugeait dignes d'immortaliser leurs traits sur une toile.

A Inspruck il fit le portrait de Ferdinand, roi des Romains, de la reine Marie sa femme, et de leurs sept filles, sept princesses charmantes groupées en un seul tableau, chef-d'œuvre de composition et de coloris. Il peignit également le prince Maximilien, qui fut élu empereur par la suite, le cardinal de Brento et une foule d'autres personnages illustres dont le nombre est incalculable. Il en fut de même dans toutes les autres villes qu'il parcourut, semant partout sur ses pas des chefs-d'œuvre. On peut se faire une idée de l'accueil que Titien trouva en Allemagne quand on songe qu'après cinq ans de séjour dans ce pays, ayant vécu splendidement comme il en avait l'habitude, il rapporta à Venise onze mille écus d'or et des présents tellement considérables, que le doge François Veniero en fut ébloui.

— Que pourrons-nous faire pour vous, s'écria-t-il avec découragement, lorsque les rois et les empereurs vous donnent de telles preuves de leur estime ?

— Monseigneur, répondit Titien, vous me rendrez bien heureux et bien fier en m'accordant la grâce que je vais vous demander.

— Parlez, maître, elle vous est octroyée d'avance.

— Eh bien ! monseigneur, je demande à terminer les fresques de la salle du conseil, gratuitement et à mes frais.

— Vous êtes un grand artiste et un digne citoyen : votre offre est agréée et le sénat vous en remerciera au nom de Venise.

Cependant l'empereur, quoique éloigné de son peintre, ne cessait pas de lui envoyer commandes sur commandes, et à chaque nouveau tableau c'étaient de nouveaux présents, de nouveaux titres, de nouvelles faveurs. Titien fut nommé gentilhomme de la chambre impériale.

L'artiste ne voulut pas être en reste avec le monarque : il lui expédia, coup sur coup, un Saint Sébastien qu'on lui avait demandé par les lettres les plus pressantes, un grand tableau contenant encore une Vue du paradis et une Vierge des douleurs peinte admirablement sur pierre, ainsi que le prouve un fragment de lettre que nous avons sous les yeux. En voici quelques mots :

« Invittissimo Cesare.

» Je rends grâces à la divine Majesté que le
» tableau de la Madone des douleurs, que j'ai
» peinte sur pierre, soit parvenu à votre im-
» périale présence comme je le désirais. Si
» Votre Majesté en est satisfaite, tous mes
» vœux sont comblés. S'il en était autrement,
» je prie Votre Majesté qu'elle daigne me
» l'apprendre, et je m'efforcerai de la con-
» tenter, etc. »

Le dernier ouvrage que Titien envoya de Venise à son empereur, ce fut, selon toutes les probabilités, une grande toile allégorique, dans laquelle est représentée la Religion poursuivie par l'Hérésie ; tableau qui nous paraît plus encore dans les goûts de Philippe II que dans ceux de Charles-Quint.

Après la mort de l'empereur, Titien continua à servir Sa Majesté Catholique en qualité de peintre ordinaire ; mais l'inquisition donnait tant à faire au nouveau roi, et les ministres étaient tellement occupés des hérétiques, qu'on oublia de payer les pensions de notre artiste, et il dut s'adresser souvent au roi pour réclamer le prix de ses travaux.

A ce sujet on raconte une anecdote assez curieuse. Entre autres tableaux commandés par le roi catholique, Titien reçut la commission de lui faire une Madeleine. Philippe II avait tracé lui-même au peintre le programme le plus austère ; il avait détaillé les cordes, les clous, les fléaux dont sa sombre imagination se plaisait à voir torturer la belle pécheresse. Cependant, avec les meilleures intentions du monde, le peintre, emporté par ses penchants sensuels, donna aux traits de sa Madeleine beaucoup plus de séduction et de charme que de componction et de douleur; les chairs éclataient sous son pinceau vermeilles et frémissantes, malgré les marbrures du fouet et les déchirements du cilice; les cheveux gardaient leur souplesse et leur parfum, malgré la poussière dont on les avait couverts; les yeux lançaient à travers les larmes des éclairs de volupté et d'amour. En un mot c'était la belle courtisane de Magdale, plutôt avant qu'après le péché.

Mais, au moment de mettre la dernière main à son œuvre, Titien s'aperçut tout bonnement qu'il venait de reproduire les traits d'une Vénus ou de toute autre divinité païenne qui lui étaient restés gravés dans la mémoire d'après la vue d'un marbre antique — l'ouvrage n'en était pas moins irréprochable sous le rapport de l'art; mais il y avait tout lieu de présumer que Philippe II refuserait de payer une Danaé ou une Léda, quand il avait commandé une Madeleine.

Voici l'expédient auquel eut recours l'artiste.

En face de son atelier demeurait une jeune fille d'une grande beauté, dont on ne connaissait pas les parents et que la misère avait réduite à se livrer pour un demi-florin par séance au pénible métier de modèle. D'abord les privations, les chagrins, les veilles, avaient laissé leurs traces sur son front abattu, sur ses joues pâles et maigries; ensuite un air de distinction et de candeur naturelle l'élevait au-dessus des créatures de son espèce. Enfin notre peintre l'avait remarquée quelquefois à ses heures perdues, appuyée languissamment au rebord de sa croisée, les yeux mouillés de larmes et absorbée dans une rêverie profonde.

Titien la fit venir chez lui et lui proposa de poser pour la tête de sa Madeleine, s'engageant de lui payer quatre florins par séance, à la condition qu'elle restât constamment debout et immobile dans la position que l'artiste lui aurait indiquée, sans jamais demander un instant de repos, quelle que fût la fatigue ou la douleur qu'elle éprouverait.

La jeune fille, enchantée d'une offre aussi magnifique, promit tout ce qu'on voulut, et la séance commença sur-le-champ.

Au bout d'une demi-heure, fatiguée de rester toujours dans la même attitude, elle pria le peintre de lui accorder, malgré leur convention, une seconde de répit.

Titien fit semblant de ne pas entendre, et continua son tableau avec plus d'ardeur et d'attention.

— Après un quart d'heure nouvelle demande de la part du modèle, nouveau silence de la part de l'artiste.

Enfin, lorsque une heure se fut écoulée, la pauvre fille ne résistant plus à la souffrance renouvela sa prière au peintre, et sans attendre la permission s'affaissa sur elle-même.

Mais alors Titien, se montrant dominé par une grande colère, lui reprocha durement d'avoir manqué à sa promesse, et la menaça par les mots les plus cruels de la chasser de l'atelier sans lui donner un sou du prix convenu, si elle ne reprenait pas sa pose à l'instant même.

La malheureuse enfant, brisée d'humiliation et de douleur, se leva sans dire mot et reprit sa première attitude, tandis que des larmes amères coulaient silencieusement le long de ses joues.

— C'est fait, s'écria Titien d'une voix triomphante, c'est là l'expression que je cherchais; et, après avoir donné quatre ou cinq coups de pinceau, il courut à la jeune fille, la serra dans ses bras avec une tendresse paternelle, essuya ses larmes et la posa lui-même dans un lit de repos.

— Mon enfant, lui dit-il, tu m'as aidé à faire un chef-d'œuvre, il est juste qu'il t'en revienne ta part. Voilà les quatre florins pour la séance d'aujourd'hui, et voici ta dot, ajouta-t-il en lui mettant un rouleau d'or dans la main. Je te marierai à un de mes élèves pour que tu n'aies plus à poser si long-temps.

Philippe II demeura frappé d'admiration et de stupeur à la vue du tableau de Titien. Quoique son opinion fût depuis long-temps fixée sur le génie du peintre, son attente fut dépassée. Jamais le peintre vénitien n'avait atteint une telle hauteur. Le roi lui en fit les éloges les plus flatteurs, et lui demanda gracieusement, par une lettre écrite de sa main, ce qu'avait sa Madeleine pour pleurer et se désoler ainsi.

— Sire, répondit Titien, elle vous supplie les larmes aux yeux de me faire payer l'arriéré des pensions que votre auguste père a bien voulu me léguer.

Philippe II comprit, et par une lettre datée de Barcelone, le 8 mars 1564, il ordonna au vice-roi de Naples et au gouverneur de satisfaire sans aucun retard aux justes exigences d'un homme qui avait servi et servait encore Sa Majesté à sa grande satisfaction.

En peu de jours, Titien avait terminé deux copies, ou plutôt deux reproductions de la Madeleine. La première fut vendue à Silvio Badaoro pour cent écus d'argent, prix qui fut bientôt quintuplé après la mort du premier acquéreur; l'autre resta dans la famille du peintre et passa pour l'un des objets les plus précieux de ce précieux héritage.

Titien fit aussi pour le roi catholique un tableau représentant Vénus et Adonis, Andromède libérée par Persée, Europe enlevée par Jupiter sous la forme d'un taureau, et quelques autres sujets mythologiques traités avec une grâce charmante et un bonheur rare.

Mais l'œuvre qui dut le plus flatter Philippe II et dans laquelle Titien parut concentrer les derniers efforts de son génie, est la Cène du Seigneur, que le peintre envoya à Sa Majesté catholique avec une lettre qui nous a été précieusement conservée. Voici en quels termes notre artiste parle au roi de son tableau :

« Sire,

» La Cène de notre Seigneur, que j'avais promise à Votre Majesté, est enfin, grâce à Dieu, parvenue à son terme, après sept ans depuis le jour que je l'ai commencée, et que j'y ai travaillé incessamment, avec l'intention de laisser à Votre Majesté, dans mes derniers jours, le plus grand témoignage de mon ancien dévouement. Plaise à Dieu qu'elle paraisse à votre jugement éclairé telle que je me suis efforcé de la rendre, dans le seul but de vous plaire.

» Je la livrerai un de ces jours à votre secrétaire, don Garcia Hernando, suivant les ordres de Votre Majesté ; en attendant, je viens supplier votre clémence infinie, si mes longs services ont trouvé quelque grâce auprès de Votre Majesté, de vouloir bien donner ses ordres afin que je ne sois plus tourmenté par ses ministres pour le paiement de mes pensions en Espagne et dans la chambre de Milan, et que je puisse terminer le peu de jours que j'ai encore à vivre aux gages de Votre Majesté. De cette façon Votre Majesté se montrera non moins pieuse envers la mémoire de César, son auguste père, en exécutant ses ordres, que fidèle à ses propres intérêts ; car, une fois débarrassé de mille tracasseries que j'ai à subir pour toucher mes faibles appointements, j'emploierai tout mon temps à vous servir dans mon art, je ne serai plus obligé de gaspiller la plus grande partie de mes jours à écrire çà et là à vos chargés de pouvoir, à mon grand détriment, et presque toujours en vain, pour en tirer le peu d'argent qui me revient avec tant de peine après une si longue attente. Je suis bien convaincu, Sire très-clément, que si Votre Majesté connaissait mes chagrins, son cœur si généreux et si compatissant en serait ému, et j'en aurais bientôt la preuve. Il est vrai que Votre Majesté daigne me délivrer des bons; mais rien ne m'est payé, suivant l'intention et la teneur de ses ordres. C'est pourquoi je me vois forcé de me jeter aux pieds de Votre Majesté pour prier sa clémence de vouloir bien mettre un terme à mon infortune, afin que Votre Majesté ne soit plus ennuyée de mes plaintes, et que je puisse désormais, libre de tout souci, me dévouer à son service.

» Je vous baise les mains catholiques.

» Venise, le 5 août 1564.

» De Votre Majesté

» le très-humble et très-obéissant
» Serviteur,

» TIZIANO. »

Il est profondément triste de voir un vieillard de 87 ans obligé de réclamer en termes si humiliants le prix de ses travaux ; mais il faut avouer, pour être juste, que la honte d'une telle conduite retombe tout entière sur les ministres de Philippe II.

Dès que le roi en eut eu connaissance, il s'empressa de donner les ordres les plus énergiques pour qu'il fût payé à l'instant même, et lui envoya comme un dédommagement du retard qu'il venait d'éprouver, et comme un témoignage d'intérêt, un cadeau de deux mille écus.

Cependant Titien ne passait point un jour sans produire un nouveau chef-d'œuvre.

Aux portraits que nous avons déjà cités, il faut ajouter ceux de Jules II et de Clément VII, des cardinaux de Médicis, Acoli et Bembo, de François Ier de France, d'Édouard d'Angleterre et du prince son fils, du duc de Savoie, des doges Trevisano et Lando, de François Sforza de Milan, du marquis de Vesiare et de don Diégo de Mendoza.

Il faut ajouter aux lettrés dont l'effigie a été rendue immortelle plus encore par le pinceau de Titien que par leurs propres œuvres, Sperone Speroni, Fracastoro, Francesco Fileto,

Torquato Bembo, Paolo dal Ponte, Beccatello, Nicolo Zono, Alessandro d'Agli Organi, Pietro de Benedetti, Antonio degli Episcopi, Niccolo Crasso, Francesco Assonica, etc.

Il n'est pas de ville, pas de musée, pas de cour de quelque importance en Europe, qui ne possède aujourd'hui quelque tableau de Titien.

A Vienne, on admire le magnifique portrait de la duchesse de Ferrare dont nous avons parlé, la Danaë, une Notre-Dame d'une beauté merveilleuse.

A Londres, les douze Césars, Saint Sébastien, la Naissance du Sauveur, un Joaillier vu de trois côtés, Lucrèce au moment de se tuer, La Madone avec l'enfant Jésus, Sainte Catherine, Saint Dominique, etc.

A Florence, le portrait du cardinal Hippolyte de Médicis en costume hongrois dont il a été déjà question, un Vieillard, deux Vénus, une Femme à moitié nue, avec trois Satyres, etc.

A Modène, une Vierge tenant dans ses bras l'enfant Jésus qui parle à saint Paul, le portrait d'Alphonse Ier, celui d'un Sénateur vénitien, une Femme en costume antique, un Prêtre, le portrait de Ludovic Arioste, un petit Saint Jean-Baptiste, une Vénus, etc.

A Rome, on voit plusieurs effigies de la Vierge, une magnifique Vénus endormie, deux Femmes à la fontaine, deux Pâtres jouant de la flûte, plusieurs Saints, et les deux Triomphes de Bacchus et des Amours que nous avons déjà décrits.

A Gênes, il existe le groupe d'Adonis et de Vénus, une Naissance du Seigneur, et le Voyage de la Vierge en Égypte;

A Vérone, un portrait de Charles-Quint, deux de la famille d'Anna, un croquis de la Madeleine, trois sujets de Sainte Catherine, une Vierge avec l'enfant Jésus, Saint Jean, etc.

Anvers conserve plusieurs sujets de dévotion, un tableau de Pyrame mourant, une Vierge adorant son fils, avec Saint Jérôme habillé en cardinal, Saint François, l'Archange Michel, Saint Jérôme priant devant sa grotte, une Jeune fille, les portraits de Daniel Barbaro et de Pierre Arétin, un Patriarche, un Orfèvre, une Veuve d'une admirable beauté, la fille du Titien, la Vierge entourée des saints Antoine, François et Jérôme sous un arbre.

A Padoue, on montre aux étrangers une Madeleine, un Christ portant sa croix, et un tableau allégorique représentant je ne sais quel rêve emprunté à la philosophie de Platon.

A Ferrare, on voit plusieurs saints, entre autres un groupe traité avec une grâce infinie : c'est la Vierge-Mère serrant Jésus dans ses bras, tandis que le petit précurseur attire à lui l'agneau symbolique.

A Venise, on admire un Vieux Sénateur en robe noire, plusieurs Saints, plusieurs paysages, et un grand nombre de portraits.

Naples, Paris, Dresde, Madrid, etc., possèdent plusieurs tableaux, gravures ou dessins, dont il serait très-long et surtout très-inutile de donner une aride analyse ou la simple nomenclature.

Enfin, pour ne pas transformer cette notice en catalogue, nous nous bornerons à rappeler la magnifique Vierge au Rosier, une des plus belles peintures de Titien, achetée par Jean Reinst, gentilhomme hollandais.

Lorsque Vasari alla en 1566 voir Titien à Venise, il le trouva assis devant son chevalet, et s'étonna qu'un homme si âgé pût encore apporter tant d'ardeur dans son travail et tant de vivacité dans sa conversation ; cependant, il vécut et travailla encore dix ans.

Il envoyait à Ancône un Christ sur la Croix au pied de laquelle on voyait saint Jean et Saint Dominique ; plus un Saint François recevant les stigmates des mains d'un séraphin. Il achevait pour Venise le Martyre de Saint Laurent et un petit tableau de Saint Jérôme ayant d'un côté la croix, de l'autre le lion. Il ornait le plafond de la confrérie de San-Giovani d'une Vision de l'Apocalypse et encadrait sa peinture d'un dédale inextricable et merveilleux de ramages, de petits enfants, d'arabesques, de ces ravissantes fantaisies de la renaissance, connues en Italie sous le nom de *Grotesche*, ainsi que l'atteste Benvenuto Cellini.

Dans tous ces travaux même âpreté, même hardiesse, même énergie de conception et de coloris. La vue du vieillard se troublait, son dos se courbait ; en route, la brosse tremblait dans sa main ; mais l'âme survivait ardente et fière, comme une lame qui avait usé le fourreau.

C'est aux derniers moments de sa vie qu'appartient cette Transfiguration pour l'église de Saint-Sauveur, chef-d'œuvre d'improvisation esquissé à larges traits avec une sûreté de touche, une fermeté de dessin, une vigueur de tons qui seraient prodigieux même dans un homme au plus fort de sa carrière et dans la fleur de son âge.

A ce sujet on raconte une anecdote qui montre à quel point le caractère de Titien fut indomptable et entier jusqu'à la fin. Comme pendant à sa Transfiguration, il avait destiné à l'église de San Salvadore une Annonciation de Marie. Rien de plus admirable que le mouvement d'effroi et de stupeur qui se manifeste chez la Vierge à l'apparition soudaine et inattendue de l'ange ; cependant la divine colombe plane sur la tête de l'élue de Dieu, au milieu d'un chœur de séraphins, et la prépare à recevoir le profond mystère de l'incarnation.

Or il arriva que les patrons de l'église,

honnêtes bourgeois dont les connaissances en fait d'art n'allaient pas très-loin, croyant remarquer dans le tableau quelques parties plus faibles, évidemment sacrifiées par le peintre, en vertu de l'éternelle loi des contrastes, eurent l'imprudence de demander à Titien si cette peinture était bien de lui.

Le vieillard indigné, sans répondre un mot à ces bonnes gens qu'il se contenta de foudroyer du regard, fit signe à un de ses valets de lui apporter un pinceau, et, d'une main tremblante d'émotion et de colère, il traça dans un coin du tableau ces trois mots formidables : *Titianus fecit, fecit.*

L'atelier de Titien était devenu le rendez-vous de toutes les célébrités de l'époque. On venait de tous les coins du monde en pèlerinage pour voir le vénérable vieillard. Henri III, roi de France et de Pologne, escorté des ducs de Ferrare, de Mantoue et d'Albino, voulut rendre au plus grand peintre de son siècle une visite solennelle. Il causa long-temps avec le peintre des honneurs qu'il avait reçus à la cour de Charles-Quint, et des rois Ferdinand et Philippe; il admira tous ses tableaux, et, ayant fait un choix de ceux qui lui plaisaient le plus, il demanda à Titien de fixer lui-même la somme.

Le vieillard sourit, et se levant avec effort de son siége, et s'inclinant respectueusement :

— Votre Majesté, dit-il, me fera la grâce d'accepter ces tableaux comme un témoignage de ma reconnaissance. Je ne reçois pas d'argent de mes hôtes.

Il vivait royalement. Sa maison était remplie de valets, de pages, d'estafiers à en rendre jaloux les palais des doges; affable, enjoué, spirituel, bienveillant, il savait se faire aimer, même de ses rivaux. On lui pardonnait son bonheur; aucun artiste n'a peut-être gagné des sommes plus énormes, et ne les a dépensées avec plus de générosité et plus de plaisir. Un jour deux cardinaux espagnols, monseigneur Pauco et monseigneur Grunella, se présentèrent inopinément chez lui et lui demandèrent à dîner. Titien les reçut dans l'atelier pour retoucher leurs portraits, et, ayant saisi un moment où on ne faisait pas attention à lui, il s'approcha d'une croisée et jeta sa bourse à un de ses domestiques avec ce peu de mots : *J'ai du monde à dîner.*

Une heure après on servait à leurs Éminences un repas d'une splendeur royale et d'une magnificence inouïe.

Jamais existence d'artiste ne fut plus longue, plus brillante, plus respectée, plus constamment heureuse. Titien ne connut ni le chagrin, ni l'adversité, ni l'envie; aucun nuage n'obscurcit ses jours d'une sérénité inaltérable. Il ne lui fallait plus qu'un an pour atteindre le siècle, lorsqu'il fut frappé, en 1576, par l'épidémie, au milieu de ses travaux.

Malgré le deuil et la consternation dans lesquels était plongée Venise, malgré le danger évident que présentait en temps de peste un rassemblement de personnes si nombreux et si pressé, on lui ordonna des obsèques solennelles dans l'église de Saint-Luc; chaque famille fit taire sa douleur privée pour rendre, au risque de la vie, un hommage de regrets et de larmes au peintre auguste qui était la plus belle gloire de sa patrie.

Comme on l'a vu par cette rapide esquisse, il n'y a pas eu de peintre chrétien qui ait produit un nombre de tableaux religieux égal à celui que Titien nous a laissé ; et cependant dans la mémoire des peuples, dans les jugements des critiques, dans l'opinion de la postérité, Titien n'est que le peintre des Vénus, des Danaé, des belles reines et des royales courtisanes; c'est l'artiste le plus complet, le plus sensuel et le plus païen de la renaissance.

Il épousa en 1512 une citoyenne honorable de Venise, que quelques biographes ont appelée *Lucia*, d'autres *Cecilia*. Il en eut quatre enfants, dont trois seuls survécurent : Pomponio, Horace et Lavinie. Pomponio embrassa la carrière ecclésiastique, et eut l'honneur de passer pour le plus mauvais prêtre de son temps, qui en eut cependant de bien détestables : paresseux, débauché, ivrogne, dissipateur, il trouva moyen de fondre en peu de temps son patrimoine, ses prébendes, ses pensions et l'héritage paternel, et mourut littéralement sur la paille. Horace, d'un caractère doux, de mœurs paisibles, rangé, studieux, modeste, tout à fait le revers de son aîné, cultiva la peinture, et porta avec assez de bonheur le lourd fardeau de la gloire paternelle. Enfin Lavinie, que quelques-uns appellent Jeanne, d'autres Cornélie (les biographes ne sont jamais d'accord), naquit en 1530, et causa la mort de sa mère.

Comme on peut l'imaginer, cette délicieuse et belle enfant fut la bien-aimée de son père.

Dans les plus beaux tableaux de Titien il y a toujours une image, un trait, un souvenir de sa fille. Il la reproduisit dans toutes les formes et sous tous les noms; c'est sa Flora, c'est sa Violante, c'est sa plus poétique inspiration, son plus chaste rêve; c'est l'unique et sérieuse passion de sa vie.

JEAN-ANTOINE RAZZI,

DIT IL SODOMA, ET IL MATACCIO.

Vers l'an 1531, comme les Espagnols occupaient Sienne, il arriva qu'au moment où le général commandant la ville était à tenir conseil chez lui avec les principaux officiers, on lui annonça qu'un homme, qui ne voulait pas dire son nom, demandait à lui parler pour choses, disait-il, où l'honneur de la nation espagnole était compromis. Or, comme tout noble espagnol a toujours été fort sensible à ce genre d'appel, le général ordonna que cet homme fût introduit à l'instant même. Cinq minutes après la porte se rouvrait, et le laquais introduisait un personnage de cinquante à cinquante-deux ans, portant la barbe et les cheveux longs, vêtu d'une longue robe de brocart, dont l'étoffe un peu foncée avait dûe être belle et riche dans sa splendeur. Il avait une de ses mains cachée sous sa robe, et semblait tenir de cette main un objet qu'on ne pouvait pas voir.

Cet homme, qui paraissait familier avec les grands personnages, entra, salua courtoisement, quoiqu'avec une certaine fierté, et attendit qu'on lui adressât la parole.

— C'est vous qui avez désiré être introduit près de moi? demanda le gouverneur.

— Moi-même, excellence.

— Pour affaire, assurez-vous, qui intéresse l'honneur de la nation espagnole?

— Oui, reprit l'inconnu, si la nation espagnole met son honneur à ce que ses soldats ne soient pas des insolents et des lâches!

— Holà! dit le Castillan en fronçant le sourcil et en relevant sa moustache, qui dit qu'il y a des lâches et des insolents parmi les soldats espagnols?

— Moi! dit l'inconnu.

— Et vous le prouvez, sans doute ?

— Je le prouve.

— Comment cela ?

— En passant devant un corps-de-garde, j'ai été insulté par un soldat, et comme, pour venger cette insulte, j'avais emprunté l'épée d'un cavalier siennois qui passait, et que, l'épée à la main, je faisais appel à ce soldat, l'insolent est devenu lâche, et s'en est allé se cacher dans les rangs de ses compagnons.

— C'est impossible! dit le gouverneur.

— Cela est, répondit froidement l'inconnu.

— Et pouvez-vous me faire connaître ce soldat?

— Oui.

— Son nom?

— Je ne le sais pas.

— A quelle compagnie appartient-il ?

— Je l'ignore.

— Mais alors comment le reconnaîtrai-je?

— Rien de plus facile. Pendant qu'il m'insultait, pendant qu'il fuyait, pendant que, retiré au milieu de ses compagnons, il me bravait, j'ai eu le temps de l'examiner à loisir, d'étudier les traits de son visage, de les graver dans ma mémoire; de sorte que, rentré chez moi, j'ai fait son portrait de souvenir. Le voici :

Et en disant ces mots l'inconnu tira de dessous sa robe l'objet qu'il y tenait caché, et qui n'était rien autre chose que le portrait du soldat si parfaitement ressemblant, qu'un des capitaines qui étaient là le reconnut à l'instant même pour être de sa compagnie, et l'appela par son nom.

— C'est bien, dit le gouverneur, allez chercher cet homme, qu'on l'interroge, et, s'il est coupable, qu'il soit puni.

L'officier sortit pour obéir au gouverneur, qui, se retournant vers l'inconnu :

— Vous êtes donc peintre? demanda-t-il.
— Votre excellence le voit bien.
— Comment vous appelez-vous?
— Je m'appelle Jean-Antoine Razzi. Seulement les uns ajoutent à mon nom le sobriquet de Sodoma, et les autres celui de Mataccio.

L'Espagnol sourit.

— Bien, dit-il, je vous connais, et si vous

avez dit la vérité à l'égard de mon soldat, vous n'aurez pas à vous plaindre d'une insulte qui vous aura valu la fortune d'être introduit devant moi.

Ce fut Razzi qui sourit à son tour; car, après avoir vécu dans l'intimité de deux papes, cet honneur d'être introduit devant un capitaine espagnol ne lui paraissait point si grand que le disait celui-ci. Néanmoins, comme Razzi, selon son habitude, était fort gêné en ce moment-là, il s'inclina et attendit.

Dix minutes après le soldat était amené devant Razzi, confronté avec lui, et avouait le double crime dont il était accusé.

Il résulta de ce petit incident vingt-cinq coups de verges pour le soldat, et pour Razzi la commande, dans l'église du Saint-Esprit, de la chapelle saint Jacques, où les gouverneurs espagnols avaient leur sépulture, et où il peignit une Notre-Dame, ayant à sa droite un saint Nicolas de Tolentino, et à sa gauche un saint Michel Archange terrassant Lucifer; et au-dessus de cette fresque, dans un médaillon, cette même Notre-Dame, entourée d'anges, et dans l'action de passer l'habit sacerdotal à un saint.

En outre, le gouverneur et ses principaux officiers, charmés de l'habileté avec laquelle Razzi avait saisi la ressemblance du soldat, commandèrent au peintre leurs propres portraits.

Disons maintenant ce que c'était que Jean-Antoine Razzi, et comment il avait obtenu le double surnom du Sodoma et del Mataccio.

Razzi était né, selon toute probabilité, à Vercelli, en Piémont, vers l'année 1479, c'est-à-dire entre les naissances de Michel-Ange et de Raphaël : conduit à Sienne dix à douze ans après par des espèces de commis qui négociaient pour la maison des Spannocchi, le sort voulut que, ne trouvant aucune ressource commerciale dans cette ville, il y restât dans l'intention d'étudier la peinture, dont il avait déjà pris quelques leçons à Vercelli, dans les ateliers de Giovenone, qui appartenait à l'école milanaise. Or, comme il avait de grandes dispositions pour le dessin, et que, se trouvant sans moyen d'existence, il avait besoin de faire promptement ressource de son art, au lieu d'entrer chez un maître il se mit à travailler seul, utilisant ses anciennes études, et, faute de théorie, apprenant l'art à force de pratique : ce fut surtout en copiant les œuvres de Jacopo della Fonte, ou de la Quercia, — on l'appelait également Jacques Delafontaine, — sculpteur siennois, fort à la mode à cette époque, et qui, en effet, avait pris une place honorable après André de Pise et Orcagna, qu'il acheva son éducation artistique.

Ses premières œuvres furent des portraits ; et, grâce au chaud coloris de l'école milanaise, dont les principes étaient restés en lui, et surtout, dit Vasari, à cet amour singulier que les Siennois portent aux étrangers, il commença à se répandre et à faire amitié avec les jeunes gens de la ville ; bientôt, comme le jeune Razzi était bon compagnon, brillant d'esprit, et fort dissolu de mœurs, comme on commençait d'être à cette époque, sa réputation de libertin fut bientôt faite : cette réputation franchit même bientôt les bornes ordinaires du libertinage. Soit qu'il les recherchât comme modèles, soit que Razzi fût atteint de ce vice fort commun à cette époque, et pour lequel la maîtresse de Benvenuto Cellini menaçait de le faire brûler, on le trouvait sans cesse entouré de beaux jeunes gens qui lui valurent bientôt le surnom de Sodoma ; mais loin, comme on eût pu le croire, de se fâcher de ce sobriquet, Razzi l'accepta avec autant de vanité que les anciens Romains ou les anciens Teutons acceptaient les surnoms qu'ils devaient, soit à leurs qualités physiques, soit à leurs qualités morales : il cessa donc pour lui-même de s'appeler Razzi, signa le Sodoma, et, comme ainsi que tous les Italiens de cette époque et même ceux d'aujourd'hui il était un peu poète, il se mit à faire des vers à la louange du vice qui lui avait valu le surnom dont il se glorifiait, vers qu'il chantait en s'accompagnant au luth d'une façon fort agréable et avec un miraculeux aplomb. Ce n'est pas le tout, comme l'excentricité des goûts du Sodoma ne connaissait aucune barrière, il se prit bientôt d'amitié pour toutes sortes d'animaux, de sorte qu'il finit par emplir son atelier d'écureuils, de singes, de chats angoras, d'ânes nains, de boucs, de tortues, de barberi et de chevaux de l'île d'Elbe, avec lesquels il courait le pallium (1).

Mais outre cela, ce qui faisait la plus grande admiration des Siennois, c'était un énorme corbeau qui se promenait, au milieu de ces animaux qui faisaient de l'atelier de Sodoma une espèce d'Arche de Noé, avec la gravité particulière à cet oiseau, et qui, toutes les fois qu'on frappait à la porte, répondait : Entrez, avec tant de naturel, et d'une voix qui imitait si bien celle de son maître, qu'il n'y avait pas moyen de persuader aux visiteurs qui avaient entendu cette voix que le Sodoma était sorti ; et, comme il arrivait quelquefois que le Sodoma rentrât pendant la discussion qui avait lieu sur sa prétendue absence, ceux qui discutaient lui soutenaient à lui-même qu'il était sorti par une porte de derrière, après avoir prononcé le mot : Entrez, et qu'il ne revenait ainsi que pour se moquer de ceux qui auraient la niaiserie de le croire. Or, comme

(1) Le pallium était un étendard qui formait le but et qu'enlevait en passant celui qui arrivait le premier au bout de la course.

toutes ces singularités lui avaient fait une espèce de réputation dans le peuple ; comme son esprit, sa facilité, son libertinage, l'avaient lancé parmi les gentilshommes, qui ne pouvaient plus se passer de lui et le mettaient dans toutes leurs orgies, la renommée du Sodoma commença de se répandre par toute l'Italie.

Ce fut vers ce temps que frère Dominique de Leccio, Lombard, et par conséquent compatriote de Razzi, ayant été nommé généra de l'ordre des moines de Monte-Olivetto, le peintre alla lui faire une petite visite, non-seulement pour renouveler connaissance avec lui, mais encore pour voir en même temps s'il ne pourrait point en tirer quelque belle commande. Razzi ne s'était pas trompé dans son espoir : le général lui donna à achever l'histoire de la Vie de Saint Benoît, dont Luca Signorelli avait fait la première partie. Malheureusement pour les moines, soit que l'ordre ne fût pas riche, soit que le général fût avare, le prix que l'on donna à Razzi étant à peine suffisant pour payer ses rapins et ses broyeurs de couleurs, il exécuta cette besogne avec tant de négligence, que le général se décida un jour à lui en faire des reproches. Razzi l'écouta fort gravement; puis, lorsqu'il eut fini : « Mon père, dit Razzi, je suis de ma nature un être fort capricieux, et mon pinceau est presqu'aussi capricieux que moi ; de sorte qu'il ne saute que lorsque les écus sonnent ; faites sonner les écus et vous verrez comme il dansera. » Le général suivit le conseil, et, à partir de ce moment, Razzi apporta, comme il l'avait promis, un tel soin à son œuvre, que les moines furent forcés de s'avouer qu'il s'était surpassé lui-même. Or, comme tout en travaillant il faisait mille folies, racontant aux bons pères les histoires les plus scandaleuses, et leur faisant à brûle-pourpoint les propositions les plus incongrues, ceux-ci, qui n'osaient l'appeler du nom qu'il prétendait avoir conquis, comme Sforza, à la pointe de son épée, se contentèrent de l'appeler il Mataccio, c'est-à-dire le grand fou. Razzi accepta ce second sobriquet comme il avait accepté le premier ; seulement, comme, ainsi que le premier, il voulait sans doute que la postérité l'en pût juger digne, il résolut de faire aux bons moines une surprise : en conséquence, comme il n'avait plus qu'un compartiment de la Vie de Saint Benoît à peindre, et que, pourvu qu'ils fussent tirés de la vie du saint, tous les sujets étaient laissés à la liberté de l'artiste, il éloigna tout le monde du lieu où il travaillait, disant que pour faire son dernier tableau, qui devait être son chef-d'œuvre, il avait besoin de solitude et de recueillement. Les moines, qui commençaient à avoir la plus grande confiance dans son talent, obéirent religieusement. Razzi travailla avec une assiduité exemplaire, et au bout d'un mois il prévint toute la confrérie que, pour le lendemain, la fresque serait visible.

En effet, lorsque le lendemain, le général en tête, les moines entrèrent dans la salle où Razzi travaillait depuis cinq à six mois, ils trouvèrent les trois premiers tableaux achevés, et le quatrième couvert d'un voile. Le premier représentait saint Benoît partant de sa ville natale pour aller demeurer à Rome ; le second représentait le moment où saint Maur et saint Placide, ses disciples, lui furent donnés par leurs parents, et offerts en même temps à lui et à Dieu ; et le troisième représentait les Goths brûlant le mont Cassin.

Mais ce n'était point ces trois premiers tableaux que les moines désiraient voir, car ils les connaissaient ; c'était le quatrième tableau voilé qui, depuis si long-temps, excitait leur curiosité. Razzi alors, pour la satisfaire, les fit ranger en cercle, et, tirant violemment le voile qui n'était retenu que par deux clous, il découvrit aux moines le quatrième sujet.

Razzi avait eu raison de dire au général qu'il leur ménageait une surprise, car la surprise fut grande en effet : le peintre avait choisi pour ce quatrième tableau, laissé à son choix, le moment où le prêtre Florent, ennemi de saint Benoît, conduit autour du monastère, pour faire tomber le saint en tentation, toutes les courtisanes qu'il a pu rencontrer. Or, pour que la tentation fût plus grande sans doute et la vertu d'autant plus méritoire, le Razzi avait peint toutes ces femmes nues, et dans les postures les plus lascives.

Les moines jetèrent un cri de désespoir, et

déclarèrent le Mataccio cent fois plus fou encore que ne l'indiquait son nom ; et, comme il était impossible qu'une pareille fresque restât dans le couvent, le général ordonna qu'elle fût grattée à l'instant même.

Mais alors le Sodoma fit un signe, et, prenant son pinceau, il couvrit une de ces femmes d'une draperie si large, si belle, si ondoyante, que tous les moines restèrent en admiration, et qu'ayant promis d'en faire autant pour toutes les autres, le général décida que, moyennant cette correction, il serait fait grâce à la pauvre fresque condamnée.

On voit encore aujourd'hui dans le couvent de Monte-Olivetto ces fresques, qui, pendant deux siècles et demi, furent conservées avec le plus grand soin, et qui n'eurent à souffrir qu'au moment où les Français, maîtres de l'Italie, déclarèrent qu'il n'y avait plus de vœux. Le couvent alors fut occupé par nos soldats, qui, n'ayant point pour ces sortes de peintures tout le respect qu'ils auraient dû avoir, leur firent subir quelques dégradations.

Telles qu'elles sont cependant, il est encore facile de voir que la plus belle de toutes est celle où les femmes, présentées nues d'abord aux regards des bons religieux, furent habillées ensuite par le Mataccio, qui en souvenir de cette plaisanterie conserva son second sobriquet avec presque autant d'amour que le premier.

Les sujets peints par le Razzi au Monte Olivetto sont au nombre de vingt-six, et dans l'une de ces histoires, qui représente saint Benoît, encore enfant, raccommodant miraculeusement le baptistère de son abbaye qui avait été brisé, il a mis son propre portrait, celui de son corbeau, celui de son singe et celui encore de trois ou quatre de ses animaux. Ceux qui voudront le chercher le retrouveront dans le cavalier vêtu d'une cape jaune avec une garniture de rubans noirs.

Cette œuvre terminée, il exécuta dans le monastère de Sainte-Anne, qui appartient au même ordre et qui est distant du Monte-Olivetto de six milles seulement, le Miracle des cinq pains et des deux poissons. Puis, revenant immédiatement à Sienne, il peignit à fresque la façade d'Agostino dei Bardi, peintures remarquables, mais qui déjà du temps de Vasari avaient presque disparu, quoiqu'il y eût à peine cinquante ans qu'elles avaient été faites.

Vers ce temps revint dans sa ville natale un fameux banquier siennois, nommé Agostino Chigi, et, autant parce que le Razzi avait la réputation d'être un bon vivant que parce qu'il avait celle d'être un grand peintre, il voulait faire connaissance avec lui, et, cette connaissance faite, il lui proposa de le conduire à Rome, et de le présenter au pape Jules II, qui faisait alors faire les salles du Vatican. Le Razzi accepta. Chigi et lui arrivèrent à Rome, et Chigi fit si bien qu'il obtint pour son protégé la promesse d'un travail. Cette promesse faite, restait à savoir quel travail on lui donnerait. Pérugin peignait alors au Vatican; mais comme il était vieux, qu'en ses mains la besogne allait lentement, qu'il ne pouvait se mettre à un autre travail que lorsqu'il aurait terminé celui qui l'occupait, on donna au Razzi la seconde chambre qu'il devait faire, et qui était proche de celle où Pérugin travaillait. Le Razzi mit aussitôt la main à l'œuvre, commença par les frises les arabesques et les ornements, et dans des médaillons commença d'exécuter certaines peintures assez remarquables. Mais, pendant qu'emporté par ses folies habituelles, par ses orgies journalières et par ce laisser-aller insoucieux, si familier à l'artiste, il laissait traîner son travail en longueur, Raphaël d'Urbin arriva à Rome avec Bramante, son oncle, qui venait diriger les travaux de la nouvelle église de Saint-Pierre. Bramante présenta son neveu à Jules II. Raphaël exécuta pour le pape quelques croquis, et à la vue de ces seules ébauches, Jules II, appréciant l'admirable génie du nouveau venu, ordonna qu'à partir de ce jour non-seulement Pérugin et le Razzi cesseraient de travailler, mais que l'on détruirait tout ce qu'ils avaient fait. Mais Raphaël ne voulut point qu'une pareille insulte fût faite à l'art dans la personne de son maître et de son confrère; il exigea que l'œuvre tout entière du Pérugin fût épargnée, et des peintures du Razzi il n'effaça que les médaillons, conservant tous les ornements qui sont autour des figures que fit Raphaël, lesquelles figures étaient la Justice, la Poésie, la Science et la Théologie : ce fut alors qu'Augustin Chigi comprenant ses devoirs de protecteur, et voulant faire oublier au Razzi l'affront qu'il venait de subir, lui donna à peindre dans son palais de la Farnesine les Noces d'Alexandre et de Roxane, et la Famille de Darius. Le premier tableau fut si remarquable que Vasari qui, de parti pris, attaque Razzi dans tout ce qu'il a fait, avoue que cette fresque non-seulement obtint un succès, mais encore qu'elle méritait ce succès.

Ce fut sur ces entrefaites et comme le Razzi venait d'achever ces deux fresques, que mourut Jules II et que Léon X fut nommé pape.

Cette mort et cette exaltation causèrent une grande joie au Sodoma : d'abord parce qu'il détestait Jules II ; ensuite parce que connaissant les inclinations plus joyeuses et surtout plus libres de Léon X, il espéra arriver à jouir sous celui-ci d'un degré de faveur auquel il lui avait fallu renoncer sous le sévère Jules II. En effet, à peine eut-il été présenté par Augustin au nouveau pontife, que celui-ci lui commanda un tableau représentant l'antique Lucrèce se frappant d'un poignard. Or, sans doute, les études du nu qu'il avait faites dans le couvent de Monte Olivetto avaient profité au peintre, car il réussit si admirablement le torse de la femme, et surtout cette tête agonisante qui rendait son dernier soupir, que le pape, enchanté de l'œuvre, nomma le Sodoma chevalier, et lui donna une somme considérable d'argent.

Alors le Sodoma revint à Sienne, sa patrie adoptive, pour y dépenser son argent à son goût et selon les habitudes prises, et pour s'y glorifier de son nouveau titre. Mais l'argent s'écoula rapidement, et comme sa nouvelle noblesse ne donnait nullement au Sodoma de quoi vivre, il lui fallut se remettre à l'œuvre. C'est alors qu'il fit pour l'église Saint-François une Déposition de la croix, qui fut placée à droite en entrant, et dans le cloître qui touche à cette église un Christ battu de verges. Dans ce dernier tableau il plaça encore son portrait avec les cheveux longs et la barbe rasée, chose d'autant plus remarquable que Jules II avait fait au contraire venir la mode de la barbe longue, et François Ier celle des cheveux courts.

Cette œuvre terminée, il fut appelé par Jacopo Setto à Piombino, où il exécuta différents tableaux : non-seulement ces tableaux lui furent largement payés; mais encore Jacopo, qui connaissait les goûts du Sodoma pour les choses extraordinaires, lui fit don de plusieurs animaux plus petits que d'ordinaire, l'île d'Elbe qui lui appartenait ayant ceci de particulier que toutes les races n'y arrivent guère qu'aux deux tiers du développement qu'elles obtiennent dans les autres endroits. Razzi enchanté ramena toute sa ménagerie à Sienne. Puis, monté sur un de ses petits chevaux corses, ayant son singe en croupe, il se rendit à Florence, où l'appelait l'abbé de Monte Olivetto, couvent du même nom que celui dans lequel il avait déjà travaillé, mais qui n'a aucun rapport avec lui, se trouvant hors de la porte San Friano, où il commença de faire sur la façade du réfectoire quelques peintures qui furent enlevées depuis. Or, pendant ce temps, le hasard voulut que vînt le jour de courir le pallium de saint Barnabé. Razzi, selon son habitude, courut sur un barberi, ayant son singe en croupe, et, malgré cette double charge imposée à son cheval, gagna le prix. Alors les enfants qui se tenaient près du but, et qui reconduisaient d'ordinaire le pallium jusqu'à la maison du vainqueur à grand bruit de vivat, de tambours et de trompettes, demandèrent au Razzi son nom, pour le célébrer dignement par leurs cris. — Sodoma — répondit bravement le vainqueur. Et aussitôt toute la trouppe se mit à crier : — Viva Sodoma! viva Sodoma! — Razzi marchant fièrement en tête, et menant le triomphe.

A ce cri étrange et inaccoutumé qui retentisat jusqu'au fond des maisons les plus retirées, quelques puritains s'émurent, et vinrent jusque sur leurs portes, s'étonnant que l'on osât publiquement pousser le cri qui avait attiré le feu du ciel sur une ville. Puis, bientôt la rumeur s'augmenta à mesure que les cris redoublaient ; enfin , les cris continuant, la moitié de Florence se souleva, et peu s'en fallut que le cavalier, le cheval et le singe ne fussent lapidés.

Cela n'empêcha point Razzi de courir le pallium, et, comme il avait toujours les meilleurs chevaux, de gagner force prix ; il avait donc chez lui tous ses étendards, preuve de ses victoires, les montrant à tous ceux qui le venaient voir, et les mettant à ses fenêtres les jours de fête, comme faisaient au moyen âge les seigneurs de leurs bannières.

Mais pour en revenir aux œuvres du Sodome, il fit encore vers le même temps pour la confrérie de Saint Sébastien in Camollia, près de l'église des Umiliati, une toile à l'huile destinée à être portée en bannière, représentant un Saint Sébastien nu, lié à un arbre, qui, reposé sur la jambe droite et retirant la gauche, lève la tête vers un ange qui lui apporte du ciel la couronne du martyre. C'est une de ses plus belles œuvres, et certes des plus dignes d'être louées. D'ailleurs, nos lecteurs ont pu en juger, car nous leur en avons donné la gravure. Au revers, est une

Notre-Dame avec son fils dans ses bras, et à
ses pieds saint Sigismond, saint Roch et quelques
religieux. Quelques marchands lucquois
voulurent payer cette toile trois cents écus
d'or; mais la confrérie refusa de la vendre,
ne voulant pas déshériter le couvent d'un
pareil chef-d'œuvre.

Sodome continua de vivre de la même vie
capricieuse et fantasque, au milieu de ses
animaux, dont à chaque occasion il augmentait
le nombre; se reposant, dans son insoucieuse
oisiveté, dès qu'il avait gagné
quelque argent, ne se remettant au travail que
lorsque l'argent manquait. C'est ainsi qu'il fit
dans la sacristie des frères del Carmine une
Nativité de Notre-Dame, sur la place des
Ptolémées, pour la confrérie des cordonniers;
une Madone avec l'enfant Jésus dans ses
bras, entourée de saint Jean, de saint François,
de saint Roch et de saint Crépin, patrons
de la compagnie; dans le palais de la Seigneurie
de Sienne des tabernacles pleins de
colonnettes et d'enfants avec quelques figures
d'adultes, parmi lesquelles un saint Victor
armé de toutes pièces, l'épée nue à la main,

qui est une des belles choses qu'ait faites le Sodome ; enfin, dans le bas du même palais, un Christ qui ressuscite, et, un peu plus loin, une Madone avec l'enfant Jésus dans ses bras.

Ce fut vers ce temps qu'arriva au Sodome l'aventure du soldat espagnol qui lui valut, de la part du gouverneur de Sienne, la commande de la chapelle Saint-Jacques dans l'église du Saint-Esprit.

En outre, il fit encore, dans le Dôme de Sienne, une peinture qui existe encore de nos jours, à droite en entrant, et qui représente Notre-Dame ayant son fils sur ses genoux, saint Joseph d'un côté et saint Caliste de l'autre ; pour la confrérie de la Trinité, une bière à porter les cadavres, et qui se conserve de nos jours dans la sacristie de la paroisse de San Donato ; enfin une autre pour la confrérie de la Mort, que Vasari, tout hostile qu'il soit au Sodome, estime pour la plus belle qui se puisse voir.

Cela nous pousserait trop loin de suivre le Sodoma tableau par tableau, et réduirait cette notice en catalogue ; contentons-nous donc de dire que la vieillesse ne le guérit point de son caractère capricieux, et que la maladie dont il mourut l'ayant pris sans regrets, sans remords et sans argent, il se fit philosophiquement transporter au Grand-Hôpital, où il trépassa le 14 Février 1549.

Vasari le fait vivre cinq années de plus, c'est-à-dire jusqu'en 1554.

En 1509 le Sodome avait épousé Béatrix de Luca Galli, dont il eut une fille ; mais, n'ayant point trouvé dans sa femme les qualités d'esprit qu'il eût désiré lui voir, il la prit en dégoût et s'éloigna d'elle, de sorte qu'elle vécut toujours du travail de ses mains et de l'argent de sa dot.

BACCIO BANDINELLI.

Michel-Ange venait de terminer son admirable carton qui avait été placé dans la grande salle des Médicis, et qui était devenu, pour ainsi dire, le pôle où tendaient tous les grands peintres de l'époque.

Buonarroti avait, comme on le sait, pris pour sujet un incident de la guerre de Pise. Il avait choisi le moment où, l'armée florentine se baignant dans l'Arno, les Pisans faisaient une sortie, et cette page immense, rendue au simple trait de crayon noir et rehaussée de quelques clairs, fut comme une révélation de l'art. Aussi, parmi tous les élèves qui venaient étudier le maître, parmi tous ces pèlerins qui venaient visiter le dieu, il devait y avoir, sous le dehors d'admiration, bien des haines cachées, bien des jalousies couvertes. L'œuvre n'en restait pas moins une chose immense de pensée et d'exécution ; et si puissantes que fussent ces jalousies, il fallait bien les taire.

Cependant, un soir de l'année 1512, à l'époque de la révolution qui chassa le gonfalonier Pierre Soderini et rappela les Médicis, un homme s'introduisit, à l'aide d'une fausse clef, dans la salle qui renfermait le carton, et là quand il se trouva seul, là, où la foule venait chaque jour, quand il se fut assuré que nul ne pouvait le voir, il mit en pièces le carton de Michel-Ange. Était-ce une haine particulière qui le poussait ? Nous l'ignorons. Seulement, lorsque le lendemain on revint, comme d'habitude, pour étudier ou pour voir, on ne trouva plus que les morceaux de l'œuvre, et lorsqu'on demanda qui avait commis ce sacrilège on répondit : — Baccio Bandinelli.

Et cependant c'était un des admirateurs les plus chauds, un des élèves les plus ardents; car, chaque jour, il venait puiser pour lui un peu de cette inspiration large et poétique que Michel-Ange avait versée à grands flots dans ce dessin.

Peut-être voulut-il s'approprier ces morceaux du carton pour pouvoir les étudier seul. Il vaut mieux encore croire que ce fut son amour pour l'art, que sa haine pour l'homme, qui lui fit commettre ce qu'on peut appeler un crime; mais, quelle qu'ait été la cause de cette action, toujours est-il que l'art fit une perte immense.

C'est que ce fut toujours un homme envieux et jaloux que le fils de l'orfèvre Michel-Agnolo de Viviano; c'est que, malgré un talent incontestable dans toutes les parties de l'art qu'il tenta, il trouva toujours quelqu'un au-dessus de lui; et que, comme ce fut surtout à la sculpture qu'il se livra, il est tout naturel qu'il ait haï Michel-Ange. Il était né en 1487, et son père l'avait mis à dessiner avec ses apprentis; il allait souvent avec Piloto, qui devint un orfèvre célèbre, étudier dans les églises, et modela aussi quelques ouvrages de Donato et de Verocchio. La première preuve qu'il donna de son talent est un Marforio qu'il exécuta en neige étant encore tout jeune.

Mais, comme nous l'avons dit, c'était la sculpture qu'il préféra à tout, et les premiers ouvrages qu'il étudia furent ceux de fra Felippo Lippi à Prato. Alors, de l'atelier de son père, il passa dans celui de Francesco Rustici et d'orfévre devint sculpteur. C'est là qu'il connut Léonard de Vinci, à qui il montra ses premiers dessins et qui l'engagea à exécuter en marbre une tête ou un bas-relief. Il copia alors une tête antique qui se trouvait dans le palais Médicis, et Andrea Camesecci plaça cette copie sur la porte du jardin de sa maison ; puis, son père lui ayant fait venir des blocs de marbre de Carrare, d'un de ces blocs il tira un Hercule terrassant Cacus.

La révolution de 1512 arriva, et, ainsi que nous l'avons vu, ce fut à la haine de Baccio Bandinelli qu'on dut la perte du carton de Michel-Ange. C'est qu'une fois son premier pas fait dans l'art il crut qu'il pourrait tout de suite, non-seulement atteindre le grand maître, mais même le surpasser, et à la haine des autres il joignait, comme on voit, la vanité de soi-même. Ainsi, à partir de cette époque, ce fut contre Buonarrotti une lutte continuelle ; non pas cette lutte noble d'artiste à artiste, de gloire contre gloire, mais la lutte basse et rampante de la haine contre le talent, de l'envie contre le nom.

Lui aussi fit plusieurs cartons au charbon, entre autres une Cléopâtre qu'il donna à Piloto l'orfèvre ; puis, d'après ces cartons, il voulut se mettre à peindre, mais il ne savait tenir ni une brosse, ni une palette, et cependant il voulut faire croire qu'il avait trouvé seul les ressources de l'art. Il s'en alla donc trouver Andrea del Sarto et le pria de lui faire son portrait à l'huile, espérant pouvoir lui dérober ses secrets en le voyant travailler. Andrea y consentit tout de suite, mais il avait deviné la ruse basse dont Baccio voulait se servir ; aussi, au lieu d'établir ses tons sur une palette, il attaqua si hardiment ses couleurs, que le sculpteur n'y comprit absolument rien. Alors il eut recours au Rosso et lui demanda franchement ce qu'il désirait. Ils se mirent à travailler ensemble, et quand il se crut assez fort pour travailler seul il exécuta deux tableaux à l'huile : les Saints Pères retirés des limbes par le Sauveur, et Noé ivre devant ses enfants ; puis il tenta encore quelques essais qui ne lui réussirent pas, et alors il abandonna tout à fait la peinture.

On voit dans les commencements de la vie de cet homme un tâtonnement dans tous les arts, un essai dans tous les genres, non par amour, mais par haine ; non pas parce que ces arts étaient beaux, mais parce que ceux qui les exerçaient étaient grands, parce qu'à chaque essai qu'il faisait, soit en peinture, soit en orfèvrerie, soit en sculpture, ceux qui jugeaient lui répondaient toujours par un nom supérieur au sien. On pourrait croire que ce fût de l'émulation, s'il n'y avait pas la destruction du carton de Michel-Ange pour prouver que c'était de l'envie. Ce n'était pas à côté des grands hommes qu'il voulait marcher, c'était en travers. Ce n'était pas pour aller aussi vite qu'eux qu'il travaillait ainsi, c'était pour les empêcher d'avancer.

Il en était donc revenu à sa sculpture, et la première chose qu'il exécuta fut un Mercure tenant une flûte en main. En 1530, cette statue fut envoyée au roi de France. Il produisit encore une foule de dessins ; et une Cléopâtre nue que lui grava Agostino de Venise lui fit grand honneur, ainsi que quelques études anatomiques. Il modela encore un Saint Jérôme que Léonard de Vinci et tous les artistes proclamèrent un chef-d'œuvre.

Baccio est toujours soutenu par Léonard de Vinci, qui devait avoir intérêt à le pousser devant Michel-Ange. C'était en effet une époque de lutte continuelle, où un grand nom ne pouvait exister qu'à condition qu'il tuerait les autres. Raphaël était venu avant la fin du Pérugin. Michel-Ange avait dépassé Ghirlandajo et repoussé en arrière Léonard de Vinci, comme celui-ci avait repoussé Andrea del Verocchio. C'était une marche rapide et précipitée, à la tête de laquelle il fallait se placer. Le grand Buonarroti les avait tous dépassés du pas, comme il les dépassait du front, et c'était à cet homme puissant que venait s'attaquer Bandinelli; c'était contre cette vérité incontestable qu'il se redressait; c'était à ce travail patient et continu qu'il venait opposer sa ruse basse et rampante; tout en luttant contre l'homme, il suivait la route tracée par l'artiste, et, en marchant éternellement derrière Michel-Ange, il ne servait qu'à le prouver davantage. A toute cette haine, à toute cette envie, qui ne pouvait l'atteindre, Michel-Ange restait impassible et fier, n'écoutant point les cris d'en bas, et ne voyant que les révélations d'en haut, trop occupé de son œuvre immense pour sentir les morsures de serpent, et méprisant cette foule dont le murmure se perdait avant d'arriver à lui.

La postérité, qui juge d'après ce qu'elle voit, qui n'assiste pas à cette lutte de chaque jour, qui prend les œuvres des artistes en laissant de côté les passions des hommes, sait toujours assigner à chacun la place qu'il mérite. Elle voit tous ces noms se presser, se confondre, se vaincre quand ils vivent ; mais, une fois que le temps a fait des cadavres de tous ces noms, elle prend ce qui reste et, comme à l'heure de la résurrection éternelle, elle juge et récompense. Ainsi, elle laisse le Pérugin et Raphaël marcher à côté l'un de l'autre ; le premier avec toute sa pureté, le second avec tout son charme. Elle laisse Michel-Ange aller seul dans sa gloire, comme il allait seul dans sa vie ; et quand, à côté du nom de Michel-Ange, elle trouve celui de Baccio Bandinelli ; quand elle voit que les passions de l'homme ont trop influé sur la vie de l'artiste, elle fait deux parts du cadavre, elle les anatomise et elle dit : Voilà par où l'artiste fut grand ; voilà par où l'homme fut petit.

Ainsi Bandinelli n'avait que dix-neuf ans, que déjà, comme dessinateur, il avait dépassé Andrea del Sarte et le Rosso. Léonard de Vinci lui avait promis un grand avenir, il n'avait donc qu'à marcher sans haine et sans crainte ; et c'était déjà bien assez d'aller à côté de Michel-Ange, sans vouloir passer devant lui. Mais, à ce commencement de gloire, succéda l'envie, qui influa sur son talent, qui le dérangea de la route qu'il eût pu suivre, et il avait déjà fait une mauvaise action avant d'avoir accompli une grande œuvre.

Et cependant, à côté de lui, tous sans jalousie avaient tracé leur chemin, avaient établi leur but. Raphaël, Titien, Bartolomeo, Andrea del Sarte, Jules Romain, Primatice, Benvenuto Cellini, — cet autre antagoniste qu'il rencontra par la suite; mais qui, moins impassible que le grand vieillard, voulut se débarrasser de lui à sa manière,—concentrant toutes eurs forces dans leur talent, tout leur amour dans leur art, accomplissaient silencieusement leur tâche. Lui seul voulut le combattre, qu'en résulta-t-il ? Il fut exécré de ses contemporains, et la postérité ne lui en tint aucun compte : car elle s'inquiète peu des nains qui tournent autour du géant ; et, quand elle regarde les merveilles de Michel-Ange, elle ne se retourne pas pour chercher ce qu'a fait Bandinelli.

Cependant, comme nous ne sommes pas la postérité, mais simplement l'historien d'un homme, nous nous contenterons de le suivre dans sa carrière d'artiste, de mettre une étiquette sur ce qu'il a exécuté, de classer ses œuvres; puis après, de juger l'homme si nous en avons le temps.

En 1513, Julien lui fit confier l'exécution d'un Saint Pierre haut de quatre brasses et demie pour l'église de Santa Maria del Fiore; mais il ne termina cette commande qu'en 1565, à l'époque du mariage de la reine Jeanne d'Autriche.

En 1515, Léon X passa à Florence; et Baccio dut faire sous l'arceau de la galerie près du palais un Hercule colossal, haut de neuf brasses et demie. Le David de Michel-Ange, ce tour de force que le grand sculpteur avait fait, poursuivait la vanité de Baccio; mais, comme il ne pouvait s'en défaire ainsi que du carton, il crut pouvoir l'attaquer en face, et au David il opposa son Hercule. Le David de marbre tua Hercule, comme vivant il avait tué Goliath.

Alors Baccio se rendit à Rome pour présenter au pape le modèle d'un David coupant la tête du géant, qu'il voulait exécuter en bronze ou en marbre, et placer dans la cour du palais des Médicis à la place de celui de Donato. Le pape trouva le modèle fort beau, mais cette fois l'œuvre ne succomba pas sous celle du maître, mais sous elle-même, car le pape, qui ne jugeait pas le moment opportun pour faire jeter le modèle en bronze, avait envoyé Baccio chez Andrea Conticchi de Monte Sansavino, à qui il avait confié la direction des ornements et des statues de marbre de la chapelle de Nostra Donna de Loreto. Andrea accueillit fort bien Baccio et lui donna à exécuter la Nativité de la Vierge. Après avoir terminé une maquette, Baccio commença son ébauche ; mais il ne put vivre avec Andrea, blâma son dessin, et critiqua ses œuvres.

« Il faut agir avec la main, et non avec la langue, lui dit maître Andrea, et il ne suffit pas de dessiner sur le papier, il faut encore dessiner sur le marbre. A l'avenir, Baccio, parlez avec plus de circonspection des autres. »

Baccio répondit par des injures, et Andrea voulut le tuer. Pareille affaire devait lui arriver plus tard avec Benvenuto Cellini. Baccio se réfugia à Ancône, où Rafaello da Monte Lupo achevait son ébauche, dont il était dégoûté.

D'Ancône Bandinelli revint à Rome, et obtint du pape quelques statues à faire pour le palais des Médicis à Florence.

Il exécuta en marbre un Orphée qui par les sons de sa lyre adoucit Cerbère, il imita l'Apollon du Belvédère dans son ensemble.

Benedetto da Rovezzano fit un piédestal pour cette statue, qui fut placée, par l'ordre du cardinal Jules, dans la cour du palais des Médicis.

Il exécuta encore deux statues colossales pour la Vigna de Monte Mario, et immédiatement après il fit le Massacre des Innocents.

Ici l'artiste est vraiment grand, et sa réputation, qui ne s'était encore étendue que dans toute l'Italie, s'étendit dans toute l'Europe.

Puis, il fit le modèle en bois et les figures en cire du mausolée du roi d'Angleterre, qui fut jeté en bronze par Benedetto da Rovezzano.

A cette époque, deux ambassadeurs de François Ier virent les statues du Belvédère et admirèrent beaucoup le Laocoon. Les cardinaux Médicis et Bibbiéna, avec qui ils se trouvaient, leur promirent d'intercéder auprès du pape pour que Sa Sainteté envoyât au souverain français quelques morceaux précieux.

Ils proposèrent même le groupe du Laocoon et demandèrent aux ambassadeurs s'il serait agréable au roi. Ils répondirent qu'un tel présent serait d'un trop grand prix; alors un des cardinaux dit : Eh bien, on enverra à Sa Majesté ou celui-là ou un parfaitement semblable. Et ils firent demander à Baccio s'il se sentirait le courage de le copier. Celui-ci répondit que non-seulement il ferait un groupe aussi beau, mais qu'il espérait encore le surpasser. Il exécuta tout de suite un modèle en cire, et lorsque les marbres furent arrivés il se fit construire un atelier au Belvédère et se mit à l'œuvre.

Sur ces entrefaites Léon X mourut empoisonné, et Adrien VI, le pape du hasard, lui succéda. Baccio partit pour Florence, laissant son ouvrage inachevé comme tous les ouvrages qu'on avait commencés quand Adrien VI monta sur le trône pontifical. Enfin Clément VII remplaça Adrien, et pour son couronnement il commanda des statues et des bas-reliefs à Baccio, qui se remit à son Laocoon.

A ce moment Titien fit paraître un dessin gravé sur bois, représentant trois singes enveloppés par des serpents.

Baccio termina son groupe, qui plut tellement à Clément VII, qu'il préféra donner des statues antiques au roi de France et garder la copie de Bandinelli. Il exécuta ensuite le Martyre de saint Côme et de saint Damien, celui de saint Laurent condamné par Décius a été grillé. Ce dessin lui valut le titre de chevalier de Saint-Pierre.

Bandinelli revint à Bologne, où, pour lutter avec son premier maître, Francesco Rustici, qui peignait la Conversion de saint Paul, il fit un Saint Jean dans le désert, qu'il exposa dans la boutique de son père. Le dessin en était assez beau ; mais, cette fois encore, la peinture tua le dessin.

Une nouvelle occasion de nuire à Michel-Ange se présenta bientôt, et Baccio la saisit avec empressement. Sous le pontificat de Léon X, on avait tiré de Carrare un bloc de marbre haut de neuf brasses et demie et large de cinq, dont Buonarroti devait faire un Hercule colossal terrassant Cacus qui serait le pendant de son David. Léon X vint à mourir; le travail resta inachevé, et quand Clément VII devint pape il fit venir de nouveaux marbres pour les tombeaux des Médicis de la chapelle de San Lorenzo. Domenico Buoninsegni, chargé des affaires de Sa Sainteté, proposa à Michel-Ange de la voler sur le compte des marbres nouvellement arrivés et de ceux destinés à la façade de San Lorenzo. Michel-Ange refusa et s'attira ainsi la haine de Dominique, qui intrigua si bien auprès de Clément VII, que le marbre échut à Baccio, qui fut envoyé à Carrare pour l'examiner. Les directeurs de Santa Maria del Fiore devaient le conduire par eau jusqu'à Signa. Arrivé à huit milles de Florence, le bloc tomba dans le fleuve, au moment où l'on allait le débarquer, et il s'enfonça dans le sable à une telle profondeur que les plus habiles architectes ne savaient quel moyen employer pour le retirer. Enfin, Piero Rosselli détourna le cours de l'eau, creusa le lit du fleuve, et à l'aide de grues et de leviers conduisit le bloc à terre.

Pendant qu'on retirait le marbre de l'eau, Baccio aperçut qu'il n'était pas d'une dimension à lui permettre d'exécuter les figures de son modèle. Il prouva au pape qu'il était forcé d'abandonner son premier dessin. Il en fit d'autres, et Sa Sainteté choisit celui qui représentait Hercule tenant Cacus par les cheveux. Baccio revint à Florence, trouva le marbre rendu heureusement dans l'œuvre de Santa Maria del Fiore et attaqua son bloc.

Il voulut après peindre un Christ mort environné des trois Maries, de Nicodème et de plusieurs autres personnages, mais il ne put en faire que le carton. Il exposa au Marché-Neuf, dans la boutique de Giovanni de Goro, son ami, une Déposition de croix, où l'on voyait le Christ entre les bras de Nicodème, la Vierge fondant en larmes, et un ange tenant les clous et la couronne d'épines.

Michel-Ange vint voir ce tableau avec l'orfèvre Piloto, et se contenta de dire que Baccio n'était pas né pour être peintre. Baccio fut forcé de s'avouer vaincu, et renonça définitivement à la peinture. Alors il prit avec lui un frère du Franciabigio, nommé Agnolo, et lui fit peindre le Christ mort environné des trois Maries ; puis, en 1527, craignant la haine d'un de ses voisins, homme influent dans le parti populaire, il quitta Florence et se réfugia à Lucques.

Pendant ce temps avait eu lieu la ligue de Clément VII contre Charles-Quint, et l'empereur impie avait fait prisonnier le pape rebelle. Rome fut prise d'assaut, et pillée par ceux du connétable de Bourbon ; mais Charles-Quint, en apprenant la nouvelle de cet événement, désavoua l'action du connétable, prit le deuil, et le fit prendre à sa cour ; ce qui ne l'empêcha pas de retenir son saint prisonnier au château Saint-Ange, d'où il ne le laissa partir que moyennant une rançon que promit Sa Sainteté. C'était la seconde fois qu'il abandonnait un prisonnier sur sa promesse, et la première ne lui avait pourtant pas assez bien réussi pour qu'il se fiât à la seconde. Quand le pape rentra dans Rome, il oublia, comme François Ier avait oublié en rentrant en France, seulement il oublia un peu moins, et l'empereur espagnol reçut le quart des quatre cent mille écus d'or.

De retour à Rome, le pape voulut accomplir un vœu qu'il avait fait dans sa prison ; car, s'il ne payait pas aux hommes, il payait à Dieu.

Il fit donc demander à Baccio le modèle d'un Saint Michel armé d'une épée et environné de sept grandes statues représentant les sept péchés capitaux. Bandinelli se mit à l'œuvre dans une salle du Belvédère, et commença une figure fort belle ; puis il fit jeter en bronze une foule de figurines, des Vénus, des Hercule, des Apollon, des Léda, qu'il donna au pape et aux seigneurs de la cour.

Puis, lorsque Charles-Quint vint à Gênes, il lui offrit une Descente de croix en demi-relief et joignit au titre de chevalier de Saint-Pierre, que lui avait donné Sa Sainteté, une commanderie de Saint Jacques que lui accorda l'empereur. La république de Gênes, en souvenir des services que le prince Doria avait rendus à sa patrie, demanda au sculpteur une statue de Neptune haute de six brasses ; Baccio reçut cinq cents florins à l'avance sur mille qu'on lui alloua, et il se rendit à Carrare pour commencer son ébauche dans la carrière del Polvaccio.

Après la fuite des Médicis, on avait conseillé à Michel-Ange de s'emparer du bloc de marbre que Baccio avait à peine ébauché pour son Hercule terrassant Cacus.

Buonarroti voulait s'en servir pour représenter Samson terrassant deux Philistins avec une mâchoire d'âne ; mais après avoir été surintendant et commissaire général des fortifications de Florence Michel-Ange fut forcé de quitter cette ville avec deux des siens, et il se rendit à Venise. Puis, quelque temps après, il se laissa fléchir et revint à Florence, où il reprit ses travaux de défense. Lorsque la paix fut conclue, lorsque Clément VII, comme nous l'avons dit, eut repris son trône pontifical, Michel-Ange reçut du pape l'ordre de travailler à la sacristie de San Lorenzo, et Baccio, celui d'achever son Hercule. Bandinelli, pour s'attirer les bonnes grâces de Clément VII, lui envoyait toutes les semaines des rapports odieux sur les magistrats et les citoyens. Cette conduite, jointe à sa vie précédente, augmenta encore le nombre de ses ennemis, qui usèrent de tout leur crédit auprès du duc Alexandre pour mettre obstacle à l'achèvement de son groupe; mais à cette époque il y eut, après la guerre de Hongrie, une conférence à Bologne entre le pape, Charles-Quint, Hippolyte de Médicis et le duc Alexandre.

Baccio était aussi politique que méchant. Il avait compris que tout était perdu s'il ne frappait pas un grand coup. Il profita donc de l'occasion et courut s'agenouiller et baiser les pieds de Sa Sainteté, en lui offrant un très-beau Christ flagellé à la colonne. Ce demi-relief, d'une brasse de hauteur sur une brasse et demie de largeur, et une médaille faite par son ami Francesco del Prato représentaient d'un côté le portrait de Clément VII et de l'autre le Christ flagellé. La ruse réussit : le pape agréa le double cadeau et l'artiste sauva l'homme.

Le pape avait donné à faire à Michel-Agnolo, père de Bandinelli, une grande croix en argent ornée de bas-reliefs représentant la Passion de Notre Seigneur, pour les marguilliers de Santa Maria del Fiore. Quand l'orfèvre mourut, l'ouvrage était inachevé; il passa avec bon nombre de matières d'argent dans les mains de son fils, qui supplia Clément VII d'en confier l'achèvement à Francesco del Prato, qui l'avait accompagné à Bologne. Malheureusement pour ce nouveau calcul du sculpteur, qui voulait d'abord se faire rembourser les travaux de son père, et ensuite gagner quelque chose sur ceux de Francesco; l'Église, qui avait été dépouillée pendant la guerre, avait besoin d'argent, si bien que le pape fit fondre toutes ces matières et renvoya Baccio achever son groupe à Florence.

Ainsi, il n'y a pas dans la vie de cet homme un seul pas qui ne tende à un calcul ou à une méchanceté. Il avait reçu cinq cents écus sur la statue qu'il devait faire pour la ville de

Gênes, et il ne l'avait pas achevée. Aussi, au moment de son départ, le cardinal Doria vint-il le trouver en le prévenant que s'il tombait dans les mains d'Andrea Doria, celui-ci lui ferait tenir sa promesse aux galères. Baccio répondit qu'il avait à Florence un marbre qu'il destinait à cette statue, et le cardinal le laissa partir tranquillement.

Arrivé à Florence, il travailla à son Hercule, qu'il acheva en 1534. Mais, soit haines particulières, soit que l'œuvre ne fût pas bonne, on disait tant de mal de cette statue, que le duc Alexandre n'osait la livrer au public. Baccio eut recours au pape, qui écrivit au duc de fournir au sculpteur tout ce qui lui serait nécessaire.

Le groupe fut placé sur un piédestal en marbre, et transporté à la place qui lui était destinée. Là, les critiques, qui n'avaient pu que murmurer, éclatèrent tout à coup. Le malheureux Hercule était trop voisin du David de Michel-Ange; la différence était trop palpable, et Baccio fut forcé de faire entourer son groupe de planches et de le retoucher, et quand la foule fut nombreuse, un homme se mêla à tous ceux qui critiquaient, recueillant ces critiques, et le soir il allait les répéter à Baccio.

— Eh bien, qu'a-t-on dit? demanda le sculpteur à cet homme.

— Rien de bon, répondit celui-ci.

— Ainsi ce groupe...

— Ne plaît à personne.

— Et toi, qu'en penses-tu?

— Moi, pour ne pas faire comme les autres et pour vous faire plaisir, dit le bonhomme, j'en penserai du bien.

— Je ne veux pas que tu en penses du bien, répliqua Baccio; moi je n'en pense de personne, nous serons quittes.

Quoiqu'il cachât sa douleur, cette critique unanime le faisait cruellement souffrir. Clément VII, pour le dédommager, lui donna un domaine qui touchait à sa terre de Pinquimonte; mais Baccio avait, au milieu de toutes ses affaires, oublié Andrea Doria. Celui-ci s'en souvenait encore, et était homme à s'en souvenir long-temps; en sorte qu'il fit menacer Baccio par le duc Alexandre de toute sa colère, s'il ne venait pas terminer sa statue. Le pauvre Baudinelli ne se souciait pas d'aller à Carrare ; mais le cardinal Cibo et le duc Alexandre l'y déterminèrent, et il partit. Mais, une fois arrivé, non-seulement il ne travaillait pas ou du moins travaillait peu au Neptune, mais encore il disait beaucoup de mal d'André Doria. Ceux qu'il avait pris pour confidents étaient des espions du prince, si bien qu'un jour Baccio n'eût que le temps d'abandonner tout et de revenir à Florence.

A son retour, il eut d'une femme avec laquelle il vivait un enfant qu'il nomma Clément.

Le pape venait de mourir, et, en 1534, Paul III, le pape infâme qui avait livré sa sœur à Alexandre VI, lui succéda.

C'était un homme honteusement dépravé que cet Alexandre Farnèse qui, marié déjà à une dame de Bologne, eut d'elle deux enfants, dont l'une, Constance, fut sa concubine, qu'il fit épouser ensuite à un Sforze.

Les exécuteurs testamentaires de Clément VII, les cardinaux Hippolyte de Médicis, Cibo, Salviati, Rodolphe et messer Baldassare Turini da Pescia voulurent faire placer son tombeau dans l'église de la Minerva à côté de celui de Léon X. Le cardinal de Médicis fit confier l'exécution de ces deux mausolées à Alfonso Lombardi, sculpteur ferrarais. Alfonso avait fait les modèles et attendait l'ordre d'aller chercher à Carrare les marbres nécessaires, quand, en se rendant auprès de Charles-Quint, Hippolyte de Médicis mourut empoisonné. L'occasion était trop belle pour que notre Baccio n'en profitât pas. Il part donc pour Rome et arriva chez madonna Lucrezia Salviata de Médicis. C'était l'époque où Philippe Strozzi, Antonio Francesco degli Albezzi et d'autres exilés florentins se réunissaient tous les jours dans les appartements du cardinal Salviati pour chercher les moyens de déterminer l'empereur Charles-Quint, qui était à Naples, à agir contre le duc Alexandre. Le cardinal, aux sollicitations de Lucrezia Salviata, avait promis une audience au sculpteur florentin, si bien que Baccio ne sortait pas plus du palais que les exilés, et que ceux-ci, qui, comme tous les conjurés, voient toujours un espion dans un inconnu, résolurent de se défaire de Bandinelli, qu'ils ne connaissaient pas. Heureusement pour lui, il n'eut plus besoin de revenir au palais et s'arrangea avec deux autres cardinaux ; mais il n'obtint qu'une partie de ce qu'il voulait avoir. Antonio di San Gallo fut choisi pour dessiner les mausolées, et le sculpteur Lorenzello pour surveiller la taille des marbres. Il resta donc à Bandinelli l'exécution des statues et des bas-reliefs.

Lorsqu'il eut fini ses modèles, il alla les porter aux cardinaux Cibo, Salviati et Baldassare Torini, qui dînaient dans le jardin du cardinal Ridolfi. Pendant qu'il était là, le sculpteur Solosmeo, qui n'aimait personne en général, et qui détestait Baccio en particulier, arriva. Ridolfi ordonna de l'introduire et dit à Bandinelli de se cacher et d'écouter ce que le nouveau venu allait dire de ses modèles. On donna à boire à Solosmeo, et à peine l'eut-on mis sur le chapitre des tombeaux que la chose commença. D'abord il reprocha aux cardinaux d'en avoir confié l'exécution à un pareil ignorant ; à ce mot il joignit celui d'avare, puis celui d'insolent, et les épithètes de ce genre se succédèrent avec une rapidité prodigieuse. Baccio n'y tint pas et sortit furieux de l'endroit où il était caché, en s'écriant :

— Que t'ai-je fait, pour parler ainsi de moi ?

Le pauvre Solosmeo était interdit ; il ne savait que répondre, que faire alors. Il prit le parti le plus sage, celui de se sauver tout en disant :

— Par le ciel ! je ne veux plus avoir affaire à des prêtres.

— Tâche de démentir tout cela, dit Ridolfi à Baccio.

— Oui, monseigneur, répondit le sculpteur.

Mais c'était un de ces oui invraisemblables, une de ces promesses impossibles, comme en faisait souvent Baccio, et non-seulement il ne fit pas oublier les épithètes injurieuses de Solosmeo, mais il fit tout ce qu'il put au contraire pour en augmenter la force et le nombre ; et quand il eut reçu l'argent qu'il devait recevoir, il abandonna les statues inachevées et entra au service du duc Cosme. Les cardinaux adjugèrent alors la statue de Léon à Rafaelo da Montelupo et celle de Clément à Giovanni di Baccio.

Le Tribolo était allé à Carrare chercher les marbres pour le tombeau de Jean de Médicis, le père du duc Cosme. On pouvait être sûr d'avance que Baccio ferait tout ce qu'il pourrait pour lui enlever cet ouvrage ; il y réussit. Pour exécuter ce mausolée, il lui échut plusieurs marbres que Michel-Ange avait laissés à Florence. Parmi ces marbres, il s'en trouvait que le grand Buonarroti avait ébauchés. Aussi, la première chose que fit Baccio fut de les détruire, ainsi que le groupe d'Hercule et d'Antée que Fra Giovanni Agnolo avait déjà presque terminé. Enfin il construisit le soubassement du tombeau, qui consiste en un dé isolé posé sur un socle et surmonté d'une cimaise au-dessus de laquelle est un amortissement formant frise et orné de crânes de chevaux réunis par des draperies. Venait ensuite un autre dé plus petit, occupé par la statue de l'invincible Jean de Médicis armé à l'antique et tenant à la main le bâton de général. Un bas-relief représentait le seigneur Jean entouré de soldats, de prisonniers et de femmes nues. Dans cette composition, Baccio introduisit une figure portant un cochon sur son épaule. C'était, à ce qu'il paraît, un trait de satire lancé contre Baldassare da Pescia qui avait fait donner à d'autres sculpteurs, comme nous l'avons déjà dit, les statues de Léon et de Clément, dont il avait été chargé.

Baccio était l'homme des longues entreprises, non pas parce qu'elles pouvaient lui donner beaucoup de gloire, mais parce qu'elles devaient lui rapporter beaucoup d'argent, puis, quand prince ou duc, pape ou roi, avait donné à l'artiste les travaux à faire, Baccio s'efforçait de faire oublier ces travaux en disparaissant tout bonnement, comme il avait fait pour André Doria ; c'était ce qu'on peut appeler une banqueroute d'art, et, comme jusqu'à ce jour elle lui avait parfaitement réussi, il en essaya encore une fois auprès du duc Cosme.

Le duc avait quitté le palais des Médicis pour revenir habiter avec la cour celui de la Piazza, où résidait autrefois le gouvernement. Baccio conseilla à Cosme de faire faire dans la salle d'audience une décoration de trente-huit brasses de largeur sur dix-huit de hauteur en pierre de Fossato et en marbre. Voici la description qu'en donne Vasari :

« Le mur du fond devait être occupé par trois grands arcs, dont deux eussent servi de fenêtres et eussent été décorés dans leur épaisseur de quatre colonnes avec une archivolte ornée de consoles pour former le cintre. Ces colonnes enrichissaient à la fois l'extérieur du palais et l'intérieur de la salle. L'arcade du milieu, qui renfermait une niche et non une fenêtre, était accompagnée de deux autres niches semblables, l'une au couchant et l'autre au levant, ornées de quatre colonnes corinthiennes hautes de dix brasses. Dans les vides laissés par les pilastres qui portaient l'entablement, des niches hautes de quatre brasses et demie auraient renfermé des statues comme la grande niche du fond et les deux niches latérales. Baccio et Giuliano avaient encore des projets plus vastes et plus dispendieux pour la décoration extérieure du palais. La salle étant de biais, il fallait la mettre d'équerre en dehors et pratiquer à cet effet une saillie de six brasses au pourtour des façades du vieux palais, avec des colonnes hautes de quatorze brasses qui en soutenaient d'autres entre lesquelles étaient les arcades qui dominent la galerie où se trouvent les géants et la terrasse. Au-dessus, une autre distribution de pilastres, avec le même ordre d'arcades, devait porter un dernier ordre d'arcs et de pilastres dans le genre d'un théâtre. Enfin, tout le dessin aurait été couronné d'une espèce d'entablement crénelé. Baccio et Giuliano, craignant que cet immense projet n'effrayât le duc, résolurent de ne lui parler d'abord que de la décoration intérieure de la salle d'audience et de la façade en pierre de Fossato, du côté de la place. Les plans et les dessins furent exécutés par Giuliano et présentés au duc par Baccio, qui lui montra que l'une des grandes niches latérales renfermerait Léon X ramenant la paix en Italie; et l'autre, Clément VII couronnant l'empereur Charles-Quint. Les sujets qui auraient décoré les petites niches devaient rappeler les grandes actions de ces papes. Les statues en pied de Jean de Médicis, du duc Alexandre et du duc Cosme, accompagnées de nombreux ornements sculptés, auraient occupé les niches placées entre les pilastres.

Ces dispositions plurent beaucoup au duc, qui voulait avoir la plus belle salle de l'Italie. Baccio voulut que la taille des pierres du Fossato, destinées aux soubassements, aux colonnes et aux corniches, fût entièrement confiée aux ouvriers de Santa Maria del Fiore. Ces hommes habiles auraient très-bien terminé tous les ornements de pierre, si Baccio s'y fût prêté ; mais le sculpteur entendait mieux ses intérêts ; et ses intérêts étaient que la chose traînât en longueur, puisqu'il recevait, outre son traitement de chaque mois, cinq cents écus pour chaque figure de marbre. Aussi ne s'occupait-il qu'à faire ébaucher les statues sans s'occuper de les continuer. Après plusieurs années, à peine si la moitié de la taille était achevée. De toutes les statues, trois seulement furent posées : celles de Jean de Médicis, du duc Alexandre, et, sur un soubassement en brique, celle du pape Clément VII. Il commença celle du pape Léon et termina celle du duc Cosme ; c'était bien le moins que les morts fissent place aux vivants.

Mais si l'œuvre n'était pas assez avancée pour que le duc en fût content, elle l'était assez pour que Baccio ne s'en occupât plus ; il voulut donc faire oublier cette première entreprise pour une autre, qui, sans doute, lui serait plus lucrative, et il conseilla à Cosme de faire continuer un chœur octogone dans l'église du directeur de Santa Maria del Fiore. Felippo Brunelleschi en avait laissé un modèle en bois, avec l'idée de l'exécuter en marbre par la suite, sur le même dessin, en y ajoutant toutefois quelques ornements. Baccio dit au duc qu'avec les revenus de Santa Maria del Fiore on subviendrait aux frais d'exécution et que toute la gloire en serait pour Son Excellence. Enfin, avec ses dessins et ses conseils, il s'arrangea si bien que Cosme lui dit de se mettre à l'œuvre.

Il commença donc en suivant les dessins de Felippo Brunelleschi, mais il ajouta des colonnes et des ornements de mauvais goût. Puis, pour décorer l'autel, Baccio modela en cire un Christ mort accompagné de deux anges dont l'un tenait les instruments de la Passion. La statue du Christ était si grande, que c'était à peine si l'on pouvait célébrer la messe à la chapelle où on l'avait mise. Derrière l'autel, Baccio construisit un piédestal en saillie sur lequel il plaça, entre deux anges agenouillés, Dieu le Père donnant sa bénédiction. Le gradin de l'autel, d'une brasse de hauteur, était orné de plusieurs sujets tirés de la Passion de Notre-Seigneur, qui devaient être exécutés en bronze. Sur l'arcade du fond, Bandinelli éleva l'Arbre du péché avec le Serpent à face humaine et les figures d'Adam et d'Ève. En dehors du chœur, dans le soubassement, il avait ménagé un vide de trois brasses de longueur environ pour y représenter en marbre ou en bronze l'histoire de la Création. Vingt et un sujets de l'ancien Testament devaient couvrir le reste du soubassement; pour plus de richesse encore, chaque sorte de pilastre ou de colonne aurait supporté un prophète en marbre.

Une grande quantité de marbres arriva donc de Carrare, et Baccio attaqua ses statues.

Il fit d'abord un Adam, mais il le trouva trop serré des flancs ; et ce qui n'était pas assez bon pour le premier homme, le fut assez pour un Dieu : Adam devint Bacchus. En suivant la hiérarchie naturelle, Eve devait venir après Adam ; mais, comme à son prédécesseur, il lui manquait quelque chose, et la première pécheresse devint Cérès. Baccio donna son Bacchus au duc Cosme et sa Cérès à la duchesse Leonora : puis, il refit une seconde fois les deux seuls habitants du paradis terrestre ; mais ils étaient maudits d'avance du public, comme ils le furent de Dieu, et, comme les originaux vivants chassés de l'Eden, les deux copies de marbre furent chassées de l'église.

A partir de ce moment, Baccio ne tint plus aucun compte des critiques et laissa ses statues inachevées sans s'inquiéter des murmures de la foule. Une fois qu'il avait reçu le prix de ses travaux, ils lui devenaient tout à fait indifférents. Ainsi, il abandonna sans l'achever son Christ mort; il ne finit point la statue du Père Éternel. Il était riche et possédait deux domaines à la campagne et une maison à la ville. Ainsi les statues de Jean de Médicis, la salle d'audience du palais, le chœur et l'autel de Santa-Maria del Fiore étaient des choses complétement oubliées pour Baccio, qui daignait cependant s'occuper un peu de la statue de Dieu le Père.

Il était donc indolemment couché dans sa paresse et dans son insouciance, n'ayant plus autour de lui personne à haïr, quand Benvenuto Cellini revint de France.

La première chose que fit Benvenuto en arrivant à Florence, fut d'aller trouver le duc Cosme, qui le reçut d'abord avec un ton sévère, mais qui bientôt prit un air plus gracieux et le questionna sur son voyage. Dans la Vie du Primatice, nous avons vu ce que Benvenuto avait fait en France; nous ne l'écouterons donc pas parler au duc de son séjour à Paris, et nous le laisserons revenir chez lui et se remettre à son Persée, puis à sa Méduse, que le duc vint voir souvent dans son atelier.

Baccio Bandinelli, d'après ce que nous en avons vu, n'était pas homme à dormir tranquille à côté de ce nouveau protégé ; aussi les intrigues recommencèrent de plus belle, mais cette fois il avait, comme Primaticio en France, affaire à un de ces hommes qui brisent tous les obstacles qu'ils rencontrent.

Baccio avait déjà si bien réussi auprès du duc que le pauvre Benvenuto ne reçut même pas l'argent nécessaire pour payer ses ouvriers. L'orfèvre attendit alors le duc dans la via di Servi.

— Monseigneur, lui dit-il, je ne reçois plus l'argent dont j'ai besoin, ce qui me donne lieu de croire que vous vous méfiez de moi. J'affirme cependant à Votre Excellence que je ne l'ai trompée en rien et je me sais fort d'exécuter mon ouvrage trois fois mieux que le modèle, ainsi que j'ai promis. Monseigneur, continua Benvenuto voyant que le duc ne lui répondait rien, cette ville a toujours été l'école des grands talents, mais dès qu'on y a appris quelque chose on doit aller travailler ailleurs si l'on veut augmenter la gloire de sa patrie et de son prince. Votre Excellence sait que c'est ainsi qu'ont agi Donatello, Léonard de Vinci et Michel-Ange, elle me permettra, j'espère, de suivre les idées de ces grands maîtres, je ferai ce que je pourrai pour ajouter à votre gloire, monseigneur, mais surtout gardez le Bandinelli, car si Votre Excellence le laissait partir son ignorance tuerait notre école.

Le duc garda un instant le silence, fixant un regard sévère sur Benvenuto, pour s'assurer que c'était une résolution prise, et quand il vit qu'aucun signe du visage de l'orfévre ne démentait ce qu'il venait de dire :

— Restez, Cellini, lui dit-il, et vous ne manquerez de rien. Cellini se remit à l'œuvre, mais l'orfévre fut forcé d'ajouter de l'argent à ce que donnait le duc ; pour que la statue allât plus vite qu'au pas, comme il dit lui-même.

Ceci se passait en 1546.

Un matin donc de cette année 1546, que le pauvre Benvenuto, qui comparait sa mauvaise position en Italie à la position brillante qu'il avait quittée en France, était trop triste pour travailler, il monta sur son petit cheval, mit cent écus dans sa poche et s'en alla à Fiesole.

Il allait voir un fils naturel de deux ans qu'il avait en nourrice chez la femme d'un de ses ouvriers, espérant que la vue de cet enfant lui enlèverait de sa tristesse et lui rendrait de la force. A cette pensée d'amour se joignait une pensée de vengeance, et à côté de l'argent qu'il portait à la nourrice se trouvait un poignard qu'il destinait à Baccio. Aussi, malgré les caresses de l'enfant, quoique ses deux petites mains serrassent bien fort le cou de Cellini, l'homme fut plus fort que le père, la vengeance l'emporta sur l'amour, et quand il eut une dernière fois embrassé l'enfant qui devait mourir quelque temps après il remonta à cheval, mais cette fois avec une seule pensée, et se dirigea vers Florence.

Chaque soir Bandinelli traversait la place San Domenico pour se rendre à une ferme qu'il possédait auprès. Au moment où Benvenuto arrivait par un côté sur son petit cheval, Baccio arrivait de l'autre sur un mulet. Les deux hommes se trouvaient donc en face, et quelqu'un qui eût été là eût pu les juger d'un seul coup d'œil. L'un, qui rapportait de la cour de François Iᵉʳ ce ton d'élégance, de chevalerie si particulier au grand roi, et dont la figure franche et ouverte révélait toutes les passions de son âme, porta tout d'un coup la main à son poignard. L'autre, avec tous les dehors de l'honnêteté qui cache la ruse, ne put cependant assez se commander et devint pâle comme un mort. D'un côté le visage qui dit le cœur, de l'autre la figure qui voile l'âme.

Benvenuto marcha droit au sculpteur, qui tremblait de tous ses membres; mais lorsqu'il s'aperçut qu'il était sans armes:

— N'aie pas peur, lui dit-il, tu n'es pas digne que je te frappe; tu es assez lâche pour qu'on te tue, mais je ne le suis pas assez pour le faire, tu peux donc continuer ton chemin, mais ne dis jamais rien de l'orfévre Benvenuto, et souviens-toi qu'il t'a fait grâce.

Et celui-ci rentra chez lui, n'ayant rempli qu'une de ses deux pensées, qui cependant ne lui porta pas bonheur, puisque, comme nous l'avons dit, trois jours après son enfant mourut.

Quelque temps après la scène de la place San Domenico, un ouvrier nommé Francesco quitta Bandinelli et vint demander de l'ouvrage à Benvenuto. Celui-ci lui fit réparer la figure de la Méduse.

Au bout de quinze jours l'ouvrier dit à son maître qu'il avait parlé à Bandinelli, qui offrait à Cellini un fort beau bloc de marbre.

— Réponds-lui que j'accepte, dit Benvenuto, mais préviens-le que ce bloc lui portera malheur; il me provoque et il oublie déjà la place San Domenico. Non-seulement j'accepte, mais encore je veux le marbre; quant à toi, tu dois être son espion, retourne donc chez lui et fais-lui part de mes volontés.

Un jour de fête, Benvenuto se rendit au palais du duc après dîner.

— Sois le bienvenu, lui dit Cosme en le voyant entrer, voilà une caisse que m'envoie le seigneur Stephano de Palestrina, ouvre-la et voyons ce que c'est.

— C'est, dit Benvenuto après l'avoir ouverte, une merveilleuse statue de marbre grec, monseigneur, et je n'ai rien vu dans les figures antiques qui soit comparable à cette figure d'enfant. Le seigneur Stephano Palestrina est homme de goût et Votre Excellence trouvera difficilement un cadeau pareil à lui faire.

Puis le sculpteur expliqua au duc en quoi cette statue était belle, et au milieu de l'explication Baccio entra.

Le duc se retourna avec un mouvement de mauvaise humeur.

Bandinelli alla droit à la caisse et dit en ricanant au duc :

— Monseigneur, voilà encore une de ces choses dont je vous ai parlé tant de fois ! que Votre Excellence sache que les anciens n'entendaient rien à l'anatomie, aussi leurs ouvrages sont pleins d'erreurs.

— C'est justement le contraire, répliqua le duc, que Benvenuto vient de me prouver par de forts beaux arguments, que votre présence a interrompus, messire Baccio.

— Votre Excellence doit savoir, dit Cellini, que le Bandinelli est un composé de mal augmenté de pire, que toute œuvre grande et belle est incompatible avec son talent étroit et mesquin, comme toute action noble est inconnue à son cœur vil. Quant à ce que j'ai dit à Votre Excellence sur cette statue, c'est la pure vérité, monseigneur ; je juge, moi, avec l'enthousiasme du beau, et messer Bandinelli avec la haine de ce qui lui est supérieur.

Le duc s'amusait fort de cette sortie de Benvenuto, et ce fut sans doute pour la continuer qu'il descendit dans les salles basses avec l'un à sa droite et l'autre à sa gauche.

Ce fut Baccio qui le premier rompit le silence.

— Monseigneur, dit-il, quand je découvris mon groupe d'Hercule et Cacus, on fit sur lui plus de *cent sonnets* infâmes, et la canaille en disait tout le mal possible.

— Monseigneur, reprit Benvenuto, quand Michel-Ange découvrit sa sacristie, où il y a tant de belles statues, plus de cent sonnets à sa louange accueillirent l'œuvre et notre savante école en dit tout le bien imaginable; c'est ce qui eut lieu encore, monseigneur, quand le grand Buonarroti exposa son magnifique carton; mais quelqu'un, sans doute, n'était pas de l'avis de tout le monde, et cet homme, dont je ne me rappelle pas le nom, peu connu comme artiste, déchira le carton la nuit.

Bandinelli devint pâle à croire qu'il allait mourir, et Benvenuto garda sa figure impassible où perçait toutefois un léger sourire de triomphe.

— Et que pouvez-vous reprendre, messer Benvenuto, à ma statue d'Hercule? dit enfin Bandinelli.

— Si Votre Excellence veut me le permettre, continua l'orfévre, après lui avoir expliqué les beautés de la statue antique je lui ferai toucher les erreurs de l'œuvre moderne; ce ne sera pas plus difficile, monseigneur, mais cela prendra peut-être un peu plus de temps, car il y a beaucoup à dire.

Le duc ne put s'empêcher de sourire en écoutant cette lutte des deux hommes, et dit à Cellini d'exposer son opinion.

D'abord, monseigneur, reprit Benvenuto, ce n'est pas mon opinion à moi seul que je vais vous dire, c'est l'opinion de ceux qui ont jugé Michel-Ange que je veux vous répéter. Or, voici ce qu'ils disent : Si l'on rasait les cheveux d'Hercule, il ne lui resterait plus assez de crâne pour contenir sa cervelle ; quant à sa face, c'est aussi bien celle d'un monstre que d'un homme, mais un monstre qui tiendrait à la fois du lion et du bœuf. La tête est fort mal attachée aux épaules ; et si Cacus avait seulement porté un coup là, il est évident que la tête eût roulé à terre. Les deux épaules ressemblent aux deux bâts d'un âne, et le dos à un sac de noix. On ignore comment les deux jambes tiennent à ce tout difforme, et l'on cherche vainement sur laquelle Hercule s'appuie, car, à coup sûr, il ne s'appuie pas sur les deux. La statue tombe en avant de plus d'un tiers de brasse ; et Votre Excellence sait que c'est la plus grande et la plus impardonnable de toutes les erreurs dont se rendent coupables tous ces petits sculpteurs qui pleuvent par douzaines : jamais l'auteur de cette statue, ajoute l'école, n'a vu un homme nu, car il ne lui eût pas fait de pareils bras ni de pareilles jambes.

La harangue de l'orfévre fut interrompue par une insulte violente de Baccio, insulte qu'on fit souvent à Benvenuto en arrière, car il ne l'eût pas soufferte en face, et qu'il ne punit pas en ce moment à cause de la présence du duc. Quoiqu'elle lui mit la rage au cœur, il se contint et répondit en riant, ce qui déconcerta le Bandinelli, puis il marcha droit à celui qui venait de l'insulter et lui dit :

— Souviens-toi que tu as un bloc de marbre à m'envoyer et que si demain tu n'as pas tenu ta promesse je te tue.

— Pardon, monseigneur, lui dit-il, mais les extravagances de cet homme m'ont fait oublier ce que je dois à Votre Excellence, qu'elle daigne m'excuser.

Le lendemain Benvenuto reçut le bloc promis.

A partir de ce jour, Baccio fut perdu dans l'esprit du duc; et lorsqu'il eut terminé sa statue de Dieu le Père, et qu'il le pria de venir la visiter, Cosme s'y refusa.

L'enfant qu'il avait eu à l'époque de la

mort de Clément VII, était devenu presque un homme; et le duc, qui ne faisait pas retomber sur le fils les mauvaises actions du père, lui avait donné son buste en marbre à sculpter. Mais l'enfant fut forcé de venir trouver Cosme et de lui demander la permission d'aller à Rome, ne pouvant plus supporter les traitements de son père. Il l'obtint, et quand le jeune Clément partit, triste et souffrant, pas une larme ne tomba des yeux de Baccio, et quand, à peine arrivé à Rome, le jeune homme y mourut, pas un remords ne sortit du cœur de son père.

On avait tiré, depuis plusieurs années, de Carrare un énorme bloc sur lequel Baccio avait donné cinquante écus d'arrhes. Il devait en faire un Neptune; mais le possesseur du bloc fit prévenir le sculpteur qu'il allait faire partager son marbre, pour le vendre plus facilement, puisqu'il ne le payait pas en entier. Benvenuto Cellini et Ammanati, ayant appris que le bloc n'appartenait pas encore à Baccio, demandèrent à entrer en commun avec lui pour le groupe. Mais, quoi qu'ils fissent, Baccio fut plus adroit qu'eux, et grâce à la protection de la duchesse Leonora le Neptune lui fut confié.

Il fit venir son élève Vicenzio de Rossi pour tailler; mais ayant appris que Michel-Ange faisait un Christ mort et quatre autres figures pour l'église Santa Maria Maggiore, il se mit à achever celui que Clément lui avait laissé en mourant. Ainsi, non-seulement cet homme n'avait rien donné à son fils pendant sa vie, mais il se servait encore de ses œuvres après sa mort.

Quel génie il eût fallu à Baccio pour cacher cette vie de haine et de ruses! Malheureusement, comme artiste, ce n'était presque rien à côté de Michel-Ange, dont il fut un mauvais postiche, et, comme homme, nous avons vu ce qu'il était.

Baccio obtint des Pazzo de creuser un tombeau et d'élever un autel de marbre pour y poser ses statues dans leur chapelle de l'église des Servites. Quand la sépulture fut finie, il voulut y déposer de ses propres mains les restes de son père, Michel Agnolo, peut-être la seule action sainte qu'il ait faite de sa vie. Aussi, comme si Dieu avait craint qu'il ne l'effaçât plus tard, dès qu'elle fut accomplie, il lui envoya la mort.

Il était âgé de soixante-douze ans. Ses obsèques furent célébrées avec pompe; il fut enterré à côté de son père, et l'on grava sur leur tombeau l'épitaphe suivante :

D. O. M.

BACCIUS BANDINELLI, DIVI JACOBI EQUUS,
SUB HAC SERVATORIA IMAGINE
A SE EXPRESSA CUM JACOBIA DONUS,
UXORE, QUIESCIT. AN. S. M.D.L.IX.

ANDRÉ SALAINO.

Un jour Léonard de Vinci rencontra, dans les rues de Milan, un bel enfant à la figure d'ange, au teint rosé et aux longs cheveux roulés en anneaux ; il s'arrêta devant lui, comme Cimabué s'était arrêté devant Giotto, et, entraîné par ce pouvoir irrésistible du beau, il lui demanda comment il s'appelait.

André Salaino, répondit l'enfant.

André Salaino, dit le grand peintre, je suis Léonard de Vinci, veux-tu être mon élève ?

A cette époque l'art était dans tout : dans le peuple et sur le trône, chez les vieillards et chez les enfants.

L'enfant sauta de joie, et répondit : Je veux bien ; et le même jour il fut installé chez le chef de l'école lombarde.

Vingt ans plus tard Léonard de Vinci revint à Florence ; c'était un événement dans cette capitale des arts que le retour d'un si grand maître ; aussi les frères des Servi vinrent-ils en corps lui demander un tableau de Sainte Anne pour leur maître-autel.

Léonard de Vinci accepta, et fit le carton ; puis, soit qu'il fût mécontent de son œuvre, soit qu'il n'eût pas le temps de l'achever, soit enfin par un caprice d'artiste, il laissa le carton là, et ne fit point le tableau.

C'était pourtant une magnifique chose que ce carton ; et la preuve c'est que pendant trois jours la ville tout entière se rendit pour le voir à l'église, comme si on y célébrait quelque fête solennelle.

Ce fut alors que l'élève entreprit d'achever l'œuvre du maître. André Salaino fit plusieurs copies peintes du carton dessiné : l'une d'elles, retouchée par Léonard de Vinci lui-même, est dans la sacristie de S.-Celse ; l'autre est celle que possède la GALERIE DES OFFICES, et qui fut échangée en 1793 contre un autre tableau de la Galerie impériale de Vienne.

Maintenant, toute comparaison écartée avec l'œuvre du maître, la copie de l'écolier présente un charmant ensemble ; le coloris en est simple, le clair-obscur bien ménagé, et le fond (auquel André Salaino a changé quelques détails) parfaitement gracieux : cependant pourrait-on peut-être exiger pour les pieds et pour les mains un dessin un peu plus sévère, et une exécution un peu plus achevée.

Quant au carton original, il appartient à cette heure, si je ne me trompe, au Musée de Paris.

DOMINIQUE GUIRLANDAIO.

Dominique Guirlandaio réunit en lui deux célébrités ; d'abord il est Dominique Guirlandaio ; puis il est le maître de Michel-Ange.

Dominique Guirlandaio appartient à l'école mystique : s'il a fait par hasard quelques tableaux s'écartant de l'histoire religieuse et représentant des scènes du paganisme, c'est qu'il y a en quelque sorte été forcé par la volonté de ceux qui les lui commandaient ; mais son talent était surtout idéaliste et religieux.

L'Adoration des mages est une de ses plus remarquables compositions. L'ensemble en est plein et majestueux, le dessin en est à la fois riche et correct, et les têtes sont pleines de caractère, de noblesse et de dignité. Peut-être les couleurs en sont-elles un peu monotones, et dans les couleurs le jaune et le rouge dominent-ils trop; peut-être la perspective aérienne est-elle négligée, et les figures du dernier plan avancent-elles un peu vers le premier : mais bientôt on oublie ces deux légers défauts en face des qualités supérieures qui les rachètent. Le petit fond que l'on aperçoit à travers les colonnes est surtout d'une limpidité charmante.

Il y a encore une chose remarquable dans ce tableau ; c'est qu'exécuté pendant une époque de lutte entre les deux écoles, il est resté pur de tout naturalisme. Ainsi, c'était l'habitude de certains peintres du quinzième siècle d'introduire dans leurs tableaux des personnages puissants dans la république, dont par cette complaisance ils flattaient l'amour-propre et acquéraient la protection : dans cette grande et belle page de Dominique, au contraire, on chercherait en vain un seul portrait, toutes les têtes sont idéales; ce que l'on reconnaît facilement à cette expression mystique qu'il est si difficile d'imposer à des modèles, et dont Beato Angelico, Benozzo Gozzoli et le Pérugin ont trouvé dans leur imagination les types presque divins, perdus depuis Raphaël.

Des chiffres romains tracés sur une pierre donnent au tableau la date de 1487.

FRANÇOIS FRANCIA.

On sait que Francia était l'ami de Raphaël : cependant toute amitié cessa entre le peintre de la chapelle de Sainte-Cécile et le peintre du Vatican. Lorsque Raphaël abandonna sa seconde manière pour passer à la troisième, il y avait dans l'âme de Francia trop de foi et de croyance pour suivre son jeune ami dans les écarts merveilleux de son génie, que la vue des fresques de Michel-Ange avait fait païen ; aussi Vasari, qui ne pouvait comprendre une pareille conviction artistique, attribue-t-il le refroidissement de Francia pour Raphaël à la jalousie. Il ajoute même, sans penser que Francia a survécu de douze à treize ans à Raphaël, que le peintre de Bologne est mort de douleur en voyant la Sainte-Cécile du peintre d'Urbin.

Il n'y a que deux dates à mettre en face de cette calomnie : la Sainte-Cécile de Raphaël est, selon toute probabilité, de 1514; la mort de Francia du 7 avril 1533.

La jalousie aurait mis dix-neuf ans à tuer le jaloux.

Il y a plus : selon toute probabilité, l'agrandissement de style qu'on remarque dans ces dernières années de Francia, vient de l'étude qu'il fit toujours, comme art, des œuvres du peintre d'Urbin; mais, tout en agrandissant son style, Francia demeura sans cesse idéaliste et religieux dans ses compositions.

On n'est pas jaloux, on ne peut pas être jaloux quand on a fait le portrait d'Évangéliste Scappi, un des plus beaux portraits qui existent pour le dessin, pour la vie, pour l'exécution. Peut-être le coloris est-il un peu dur, et les ombres ont-elles un peu poussé au noir; mais cela tient, selon toute probabilité, à l'usage que les peintres commencèrent à faire vers cette époque du noir de fumée.

Quelques mots sur le manuscrit que tient à la main Évangéliste Scappi, nous apprennent le prénom et le nom de l'original.

BERNARDIN LUINI.

Que Bernardin Luini soit arrivé à temps à Milan pour entendre la parole du maître, ou qu'il se soit inspiré seulement de ses ouvrages, il n'en est pas moins demeuré un des écoliers qui se sont à la fois le plus rapprochés de sa pensée et de son exécution.

Malheureusement le tableau de Bernardin Luini (la Madone, l'enfant Jésus et saint Jean-Baptiste) a une terrible rivalité à soutenir : la colombe de Luini rappelle le chardonneret de Raphaël, et (il faut le dire), entre l'imitateur de Léonard de Vinci et l'élève du Pérugin, il y a la différence de l'homme au géant.

Néanmoins, à côté des grandes qualités des

grands maîtres, il y a encore à louer dans ce tableau de Luini : le coloris en est simple, et se rapproche un peu de la manière vénitienne; la pose de la Vierge étendant les deux mains également sur la tête des deux enfants, comme si tous deux étaient ses fils, mais fixant cependant les yeux sur celui qui est le fruit de ses entrailles, est (quoiqu'un peu mondaine) pleine de grâce et d'expression; le clair-obscur est bien ménagé, et le fond du paysage est charmant.

Bref, Bernardin Luini, avec son coloris gracieux, sa simplicité de draperies, et son bonheur de composition, est une des plus belles fleurs qui soient nées à l'abri de ce chêne séculaire qu'on appelle Léonard de Vinci, et qui a étendu sa grande ombre non-seulement sur l'Italie, mais encore sur la France.

SIMON MEMMI.

Pétrarque dit dans ses lettres qu'il a connu deux grands peintres, Giotto de Florence et Simon de Sienne. Il est inutile de dire que Simon de Sienne est le même que Simon Memmi.

Ce qui faisait qu'à cette époque on substituait souvent le nom de sa ville natale au nom de la famille dont on sortait, c'était la rivalité qui régnait entre les cités italiennes, rivalité qui n'est pas encore éteinte aujourd'hui. Or, Sienne avait, comme on le sait, la prétention d'avoir précédé Florence dans la voie artistique; et le tableau de Guido, que l'on voit encore aujourd'hui dans l'église des Dominicaïns, et qui est antérieur de dix-neuf ans à la naissance de Cimabué, prouve que ses prétentions à cet égard n'étaient pas dénuées de tout fondement.

En tout cas, Simon Memmi continuait l'école de Guido, comme Giotto continuait celle de Cimabué, avec une évidente supériorité de pensée et d'exécution, mais, quoi qu'on en dise, en conservant chacun à son école son caractère particulier; c'est ce qu'a parfaitement spécifié Ghiberti, qui ne dit nulle part que Memmi ait été l'élève de Giotto, et qui considère les deux écoles siennoise et florentine comme parfaitement distinctes. Sous ce rapport, comme sous beaucoup d'autres, il est donc probable que Vasari, qui montre Memmi étudiant à Rome sous Giotto, a fait un pieux mensonge pour le plus grand honneur de sa patrie. En effet, entre Giotto et Simon Memmi il est facile de remarquer un travail tout à fait différent, non-seulement dans l'exécution matérielle, mais encore dans la reproduction des formes : ainsi les figures de Giotto sont presque toujours longues et ont les joues creuses, tandis que celles de Simon Memmi sont de l'ovale le plus parfait, et ont les joues pleines et rondes.

Les portraits de sainte Juliette et de saint Arsène, que ce peintre nous a laissés, peuvent en offrir un exemple : la figure de saint Arsène surtout est délicieuse ; on retrouve dans sa pose, ainsi que dans celle de sainte Juliette, toute la simplicité de mouvement de l'école idéaliste, quoique les plis commencent déjà à descendre avec un certain art.

En somme, c'est à la chapelle des Espagnols à Florence, et dans le Campo Santo de Pise, que l'on retrouvera le véritable Simon Memmi cité par Pétrarque ; d'autant plus que le tableau dont nous venons de parler n'est pas de Simon Memmi seul, qui l'exécuta avec Lippo, son beau-frère, pendant l'année 1333.

FIN.

TABLE DES ARTICLES.

Michel-Ange Buonarroti 1
Titien Vecelli 125
Jean-Antoine Razzi, dit Il Sodoma, et Il
    Mataccio. 255
Bacchio Bandinelli. 281
André Salaino. 331
Dominique Ghirlandaio 335
François Francia. 339
Bernardin Luini. 341
Simon Memmi. 347

www.ingramcontent.com/pod-product-compliance
Lightning Source LLC
Chambersburg PA
CBHW050154230526
45470CB00001B/96